致　渐行渐远的朋友

拜啓
元トモ様

日本TBS广播电台“RHYMESTER宇多丸的Weekend Shuffle”&“After 6 Junction”——编
袁舒——译

新星出版社 NEW STAR PRESS

目 录

前 言

RHYMESTER 宇多丸

恋情会结束，但友情不会。

恋人会更新迭代，一旦分手，关系便止步于此。但真正心意相通的朋友之间的情谊，任时光流逝，都不会改变。

很多人可能都是这么想的吧。

可事实，真的如此吗？

2016 年春天，在 TBS 广播电台“RHYMESTER 宇多丸的 Weekend Shuffle”栏目的月度例会上，大家有一搭没一搭地讨论着有没有什么适合在即将到来的四月播出的特辑选题。在这时突然蹦出来的一个创意，就是“那些渐行渐远的朋友——前任朋友”。

“话说……你们肯定都有那么一个一入学就‘第一个成为好朋友’的人吧？可能就是因为座位离得近，所以第一个来找你搭话，然后因为刚入学大家都还没摸清门道，比较拘谨忐忑，所以刚开始的一段时间先一起行动的那种。但是慢慢习惯了学校的生活之后，跟更投缘的朋友在一起玩的时间越来越多，也不知道从什么时候开始，跟那个最一开始的朋友就有了距离。事后回想起来都会觉得不可思议，‘好像刚开学的第一周，每天我都跟某某一起上下学来着’。但是即便如此，每每想起这件事，不知道为什么，内心深处都有一丝隐隐作痛的感觉……我觉得大家应该都有这种经历吧。”

这个季节[1]就是这类故事的量产期……于是在会上很快就决定把它作为特辑来策划。起初，这个方案的提议者，也就是我自己，设想的也只不过是一个能够和听众轻松愉快地聊一聊“黑历史”的栏目而已。

然而，当我读了这些听众来信的内容之后，便清楚地意识到，这样一个选题想要推进下去，我们自己也做不到毫发无损。

不同年龄和身份的听众朋友们寄来了很多的故事。从这个话题本身的性质来看，往往没有合适的情感宣泄口可以让人吐露真情，处于一种心中挂念但无处诉说的状态，因此每一个故事都给人一种直击内心且久久难以释怀的感觉。

1　指毕业季，日本多数学校的毕业时间在3月。（后文未特别提及的均为译注）

每一个当事人都把这段深刻而不知该如何诉说的情绪埋于心底，又悄悄地给它上了一把锁。有的人在生活不断前进的洪流中甚至已经逐渐淡忘了和“前任朋友”之间那段充满愧疚和后悔的回忆。但这档节目的播出，会残酷地唤醒他们的回忆，让沉睡在心底的过往毫无保留地重新浮现于水面之上。

敲开属于我的这段记忆之门的是O。他是我从小学低年级开始一直到初中的同学，大概也应该是我第一个能够称之为“好兄弟”的人。

O的性格开朗外向，总喜欢搞笑，是那种一看就很聪明的活宝型人物，可在他身上又看不到淘气的小学男生身上常有的粗鲁。他是个待人接物很温和的人，我真的很喜欢他，也觉得我们两人非常投缘。从小就总爱装大人的我有个绰号叫“佐佐木大叔”，后来直接演变成了“大叔”。现在回想起来，这个外号最开始就是O给我起的。

O搬家到另一个城市去，大概是在小学四年级升五年级的那段时间吧。从距离上来讲，其实也不算离得很远，但自从他转学走了之后，我们自然而然地变得不怎么联系，最后只剩下每年一次非常程式化的贺年卡往来。

如果故事到这里就结束了，其实也没什么。

大概是高一的冬天吧，O在贺年卡中写了一句话：大叔，过几天我去找你玩吧。我已经记不清我在看到这句话之后有没有给他打电话。总之在我们约定好了的那个周日，O出现在了我家的门前。

他那招人喜欢的笑容还和以前一样，像一只小猫咪。O骑着一辆踏板车，很随意地穿了一身运动装。他的穿着和给人的感觉在我的概念里已经有点接近小混混了。可能在他新家那边，这种装扮也并没有什么特别吧。

而我呢？那时深陷亚文化之中，对音乐和电影都有一些特别的坚持，也开始对穿衣打扮有了自己的想法。说得直白一点，我心中那个事儿事儿的、很不好相处的、带刺的自我意识正在茁壮成长。所以说实话，比起和“好兄弟”重逢的喜悦，那种“我要跟这个人聊点什么啊？”的无所适从感更加强烈。

面对和以前大不相同的我的举止谈吐，O大概也敏锐地嗅到了一种令人不适的气氛。那天我们漫无目的地在附近逛了逛，我玩了一会儿他的踏板车，然后很自然地道别……

第二年O给我寄来的贺年卡上，在照例的寒暄后面又多了一句：“大叔，别变成奇怪的人啊！”

奇怪的人……

站在他的角度来看，总是说一些莫名其妙的专有名词，还不停卖弄让人费解的表达方式的我，的确挺奇怪的吧。当时的我一定让他觉得难以接近。事后用这种方式略带调侃似的劝告我的 O，从本质上来讲，可能还是和小时候一样，是个“好孩子”。

但是，在那个阶段的我看来，那天我的所有表现和我们的对话内容，都是我想把我近期感兴趣的事情和平日里的所思所想尽可能直白地讲述给他，都是我在用我的方式努力填补两个人之前的隔阂。结果换来的却是 O 如此大刀阔斧的全盘否定。伤心、愤怒和羞耻感，一股脑地涌上我的心头。

自那以后，我们就彻底失去了联系。

三十年后的今天，我能更加清晰地明白的是，我和 O 的友谊，大概在升入小学高年级的时候，就已经走向终结了。他的转学，对于即将迎来青春期而产生巨大蜕变的我们两人来说，从某种意义上讲，都是一个很好的时机。

然而不幸的是，当时的我们还处在一个高不成低不就的年龄段，面对他人与自己的不同，还没有培养起足够的度量能够给予最基本的敬意，偏偏在这时不慎迎来了重逢。自那以后，少年时期的美好回忆，就逐渐被一种不愿去回想的莫名其妙的不快覆盖了。

当然，就连这一点在接下来的日子里仍然是一个变数。也就是说，这个结局对于我们两人来说，也并不一定就是这段关系最终的结局。

真没想到会这样……

只要人在不断成长和变化，人与人相处的方式也必然只得不断地变化、变质。从这个意义上来说，这本书中展现的种种有关“前任朋友”的故事，也许就是所有人或多或少都会经历的，一种成长机制。

反过来说，正是这些经历让我们在做出无数选择取舍之后得到的“自己这一生”更加珍贵。

每次读完之后都久久挥之不去的那种内心刺痛，说不定就是我们丰富多彩的人生的证明。

好了，开场白就到这里吧。

接下来就要上演我们精心挑选的，让人痛彻心扉而又牵肠挂肚的一幕幕悲喜剧。敬请（在脑内播放着被我们擅自当作栏目主题曲的 TOMOVSKY 的《疏远》）细细品味！

《疏远》

TOMOVSKY（作词·作曲 大木知之）

疏远……

也不是非得跟你汇报
关系没那么坏也没那么好
半吊子的关系还在持续
不断扩大的心理的间隙

我的心情超级 high
但你不一定这么想
别别扭扭客客气气纠缠不清
就这样错失了无数个时机

疏远 如果就这样下去
疏远 肯定再一次
疏远 重复之前的过错
制造新的疏远

间隔越来越大
没什么大事也就不再有理由找你
下次一定
下次一定

就这样拖拖拉拉

下次
永远不会来
就像这次
永远不会来

他已经不会知道
此刻的我依然
是那么地在乎
他再也不会知道

疏远 如果就这样下去
疏远 肯定再一次
疏远 重复之前的过错
制造新的疏远

疏远 如果就这样放任自流
疏远 肯定再一次
疏远 根深蒂固

根本数不过来
我也不会去数

专辑《39》收录曲目，2005年。

人物介绍

◆ 高桥芳朗

1969 年出生于东京都。音乐记者。和宇多丸是二十五年的朋友。参加过“Jane · Su 生活会跳舞”等许多广播节目。著作有《让生活起舞的歌》等。

◆ DJ FUKUTAKE

从 20 世纪 90 年代开始，作为 DJ，用夜店音乐的演奏方式演奏流行歌曲和游戏歌曲等。发行过和风 Mix CD《YABA 歌谣》及一些音源复刻作品，曲风涉及的领域非常广。

◆ TOMOVSKY

1965 年出生于千叶县。音乐人。为“前任朋友”栏目演唱主题曲《疏远》的老朋友。在“春天的疏远祭 2019”现场演奏《疏远》，令现场的观众沸腾。

◆ 古川耕

1973 年出生于神奈川县。2007 年，宇多丸的一句“你来做我的高田文夫[1]吧”，让他走上了广播脚本家的道路。现在是“After 6 Junction”的主力脚本家。

1　高田文夫（1948—　），日本著名的广播电视节目脚本作家、文艺评论家、落语家，本名高田文雄。代表作品《北野武的 ALL NIGHT NIPPON》《北野 Fan Club》《高田文夫的 Radio Beverly Noons》等。

◆ 矢部太郎

1977年出生于东京都。搞笑组合“Karateka”的逗哏。以“RHYMESTER宇多丸的 Weekend Shuffle”上岛尾真帆的介绍为契机，创作了短片《房东和我》（获得第22届手冢治虫文化奖短片奖）。

◆ RHYMESTER 宇多丸

1969年出生于东京都。早稻田大学在读期间组成了 Hip-hop 团体“RHYMESTER”。从日本 Hip-hop 文化的萌芽期开始一直引领着该领域，如今依然活跃在第一线。作为电台 DJ，担任“After 6 Junction”的节目主持人。

◆ 池泽春菜

1975年出生于雅典。声优、随笔作家。在“文化对谈”栏目中对小说作品的介绍深受听众欢迎，也在“春天的疏远祭 2019”中亮相。出版了《乙女的读书之道》等多部著作。

◆ 宇垣美里

1991年出生于兵库县。原 TBS 主播。从2019年4月开始成为自由主播。是“After 6 Junction”的周二常驻嘉宾。在读取听众来信的时间把控上已是大师级别。被粉丝称为“宇垣总裁”。

◆ 驹木根隆介

1981年出生于东京都。日本大学艺术专业在读期间走上了演员的道路。在电影《埼玉歌者》中担任主角，现在也出演很多影视作品。

◆ 岛尾真帆

1978年出生于东京都。漫画家、随笔作家。出版了《女朋友》等多部作品。曾担任“庆祝50岁！宇多丸·大爆炸生日祭2019”的制作人。

国书刊行会

在工作的桃子（男·47岁）

我的学生时代，几乎每天都献给了体育社团。但高一的时候，有一小段时期我没有参加任何社团活动。就在这段时间里，我认识了S。

课间，S总是在看书，很少见他跟同学嬉笑打闹。因为我自己也很喜欢读书，所以一直都有些在意他。而且他看的书不是那种很厚的精装书，就是马上就要散架了的岩波文库本。所以我总是特别好奇他在看什么。

有一天，我在放学回家的电车里看书，听到有人问我："你在看什么？"抬头一看，是S。

大概是物以类聚吧，S好像知道我对书很感兴趣，所以一直在寻找一个合适的时机来跟我搭话。我平时喜欢看自然科学类的书和早川文库[1],S 喜欢看哲学类的书和创元推理文库[2]。虽然我们对书的喜好大不相同，但还好有一个共同点，就是都很喜欢克苏鲁神话，于是很快就成了志同道合的好朋友。

渐渐地，我们在一起的时间越来越多。我们会一起去神保町和早稻田的二手书店淘书，有时候也会“远征”到地方的大型书店去看看。现在回想起来，那是我人生中空前绝后的一段时间，读了那么多种类、那么大量的书。

高中毕业之后，我进入大学重新捡起了体育，而 S 则为继承家业，进入社会积累工作经验了。随着读书量的慢慢减少，我们见面的次数也越来越少。在我开始上班的时候，我们已经变成那种只在贺年卡中互相问候的淡薄关系了。

我和 S 的重逢，是在十五年后的秋天。地点是神保町书展上国书刊行会[3]的摊位前。好不容易又见面了，我们便一起走进

---

1 早川书房 20 世纪 70 年代以来出版的文库本书系，以翻译引进的科幻、推理小说为主，如今还有多个子书系，如早川文库 NF（非虚构类）、早川文库 FT（奇幻小说类）等。

2 东京创元社 20 世纪 50 年代以来出版的推理小说书系，既有日本本土作品也有翻译引进的作品。

3 国书刊行会成立于 1971 年，最初为复刻出版学术资料而设立，1975 年以出版《世界幻想文学大系》为契机将出版内容扩大至外国文学、幻想文学等领域。现出版内容涵盖历史、宗教等学术书籍和推理、科幻、奇幻、恐怖等类型文学及相关艺术画集。此外国书刊行会还开设有日语学校。

了一家咖啡厅，坐下来聊了聊。但那个时候的我工作不太顺心，S 也关了家里的老店，一边照顾年迈的父母一边在外上班，聊到各自近况的时候话题就变得格外沉重。说实话，那是一段尴尬的时间。

我们尴尬着沉默了一会儿，他指着我放在一旁的一大包行李问道："今天有什么收获？给我看看呗。"看来，无论时间过去多久，总是好奇对方在看什么书的这个习惯，还是和以前一样。于是，我们一边给对方介绍自己新买的书，一边讨论着自己最近在看的书以及正在关注的作家等，滔滔不绝地聊了很多有关书的话题。现在回想起来，好像从学生时代开始，我们两个除了书之外就没聊过什么别的话题。而现在我也能清楚地感觉到，通过书，我们仍然连接在一起。

临走的时候 S 从我买的一堆书中抽走了一本，说："这本可以借我看看吗？下次见面的时候还你。"虽然我嘴上吐槽"谁知道下次见面是什么时候啊"，但也从他的书里拿了一本说："那你就借我这本看看吧。"

第二年，S 寄给我的贺年卡上，不像往年一样只有一句"一切都好"，而是写了很多关于我借给他的那本书的感想，还附了一份他这一年读过的他认为最棒的书的清单。这种做法成了我们的新习惯，直到今天，每年我们都会把过去一年读过的最好的书的清单写在贺年卡上寄给对方。

不过，也正因为这样，贺年卡上再也没有写过彼此的近况，所以我也不知道他现在过得怎么样。但是，去消化那份清单已经成了每年一月份我最期待的事情。希望我的清单对他来说也是一份期待。

我和S虽然疏远了，但可能还算不上是“前任朋友”，而还是“现任朋友”吧。总有一天，我们会把找对方借的书再还给对方。

宇多丸 哎呀……

宇垣美里 多好的故事啊！

宇多丸 两个人再次通过阅读实现了心意相通。真的很棒！

宇垣 不用多说，这就是朋友！也不一定非要知道对方过得怎么样。

宇多丸 无话不说无话不谈，也并不是朋友之间唯一的相处模式嘛。

宇垣 把自己对书的感想讲给对方听，从某种意义上来说，也是把自己的内心世界展现给对方看嘛。

宇多丸　S说“这本可以借我看看吗？”的那段，很感人。比起说“趁着这个机会，咱们还像以前一样如何如何”，他那句“下次见面的时候还你”更能打动人。

宇垣　我觉得这个说法特别高级！一旦约了下次见面，可能就会成为彼此心里的一个负担了，所以并不好约定，但是会坚持给对方写每一年的感想和清单。啊～真好！

宇多丸　我在巢鸭（学园）的初高中时代有些关系很好的朋友，前几天我们久违地见了一面。他们大部分人都从事了比较严肃的工作，我以为共同话题大概也就只有学生时代的回忆了。结果没想到，坐下来没多久，大家的话匣子就打开了，光是吐槽最近看的电影烂片就叽叽喳喳聊了好久。

当时真的很感慨，原来一下子就能找回当初的感觉。你看，这两个人在学生时代的交往就很有意思。两人并不是完全一致，总有一些错开的地方。

宇垣　但是只要有一点点重合的地方，又很快就能成为好朋友。

宇多丸　宇垣你有没有这种“书友”？

宇垣　有的有的。我是那种比较外向的……不对，并不外向，这不准确。我是那种比较老实乖巧的孩子，然后会找比我更老实乖巧的同学去聊一些有关书的话题。其实平时我们不太能聊到一起去，但是在读书这件事上我们算是很投缘的。我也有这种男性朋友，平时的话，估计他也不知道我在说什么吧。

宇多丸　而且高中的时候有很多很多时间可以用来看书嘛。

宇垣　是啊。现在想想都奇怪，那时候怎么那么闲呢。

宇多丸　我也很久没见小林少年了，突然想见见他了。就是那个"说到村上最先想到的是？""龙！"的那个小林少年。

宇垣　什么乱七八糟的。

宇多丸　我估计很多人都被这个故事敲开了回忆的大门吧。

宇垣　我以前有个朋友，我一说"我没有容器"，她就回"就用双手接[1]"。一听到有人这样回应你，一下子就感觉心情好舒畅！

1　尾崎放哉的自由律俳句"我没有容器就用双手接"。（日文版编注）

黑暗骑士的崛起

第三个应了梦的人（男·32 岁）

我有过一次和朋友绝交的经历。他是我从小学就开始一起玩的好朋友。我小时候上的是贵族学校，就是从小学到大学一路都可以直升的那种学校。然而，我刚上初一就在交朋友这件事上栽了跟头，之后就一直在同一群同学里面，以“没朋友的人”的身份度过了十年的时间。

就这样到了高中，我和小学时期很要好的朋友有了再次接触的机会。我加入了他所在的话剧社。同一年级的成员只有我和他两个人。他平时跟其他同学关系很好，所以在学校里不会和我说话，只有在放学之后参加话剧社活动的时候，我们才有交流。但我觉得，对我来说他就是我的好朋友。

就这样一路到大学，热爱话剧的我和他，两个人一起组建了一个小小的剧团。他是团长，我负责剧本和舞台。我们还一起登台表演过几次。我认为，在那个时候，我们还是好朋友。

那么，我为什么会和他绝交呢？

因为他找我借了一万块钱之后就不还我了！

事件（我借给他一万块钱，但他没还我）发生在2012年，我这辈子都忘不了。如果用奥斯卡奖来说的话，就是《艺术家》获奖的那一年。

那时候，对于没有工作，只能靠打工来维持生活的我来说，钱总是不够花。但是当他对我说“能不能借我一万块钱，很快就还你”的时候，我觉得只要他还给我就行，于是把钱借给了他。

然而，到了约定的日子，他并没有联系我。我给他打电话也不接，发短信也不回。

“那个，咱们是不是说好今天来着？”

“大概什么时间呀？”

“不管怎么样先给我回个话呗～”

“能不能接电话啊？”

“你到底在干吗？”

“钱的事我也不问了，你就告诉我这到底怎么回事。”

“你到底在干吗呢！”

“我现在很生气，你明白吗？”

“我再问一遍，你到底在干什么！”

我一直在贵族学校里，连架都没打过，所以根本不知道该怎么跟人翻脸，更不知道翻脸之后要如何收场，所以只能单方面给他狂发一堆表示我很生气的短信。

但是过了一段时间，冷静下来之后再想想，也许他当时真的处在一个无法回复的状态。实际上，纵使我发了那么多信息给他，直到第二天他还是没有给我任何的回复。

又过了几天，我逐渐开始担心他是不是真的出什么事了。于是我登录了当时大家都在用的 mixi，发现他更新了一篇日志。

日志里面只写了一句话。

“我要去见证黑暗骑士的崛起啦[1]~”

你丫到底是在干什么啊！！！

自此以后，我就再也没有联系过他，他也没有主动联系过我。有时我会觉得这件事也许真的怪我，但事到如今我连验证这一点的办法也没有了。

通过这档节目，我久违地想起了这个人。现在我的感觉是，我既不希望他过得很幸福，也不愿他过得很不幸。我希望他过

1　应指去看电影《蝙蝠侠：黑暗骑士的崛起》(*The Dark Knight Rises*, 2012)，该片是克里斯托弗·诺兰（Christopher Nolan）导演的蝙蝠侠系列的第三部也是最后一部，上映当年引发热议。日本上映时间是 2012 年 7 月 27 日。

着平凡的生活，时而遇到一些小的不幸（例如驾照被吊销之类的），就好了。

不说别的，先把一万块钱还我，再谈其他。好吗？铃木。

宇多丸 我觉得，“第三个应了梦的人”和这位铃木同学之间，是不是有什么误会，或者是哪个环节走岔了呢？但不管怎样，还钱的日子是铃木先提出的，即便他真的遇到了什么不可抗力，也应该尽最大努力在第一时间给你一个回复才对。更何况，实际情况是几天之后，他就像个没事儿人一样，开开心心去看电影了，而且还在 mixi 发了状态。就算他对你单方面的信息轰炸感到很烦，我也觉得这件事情肯定是铃木做得更不对，我也能理解你甚至开始怀疑他人品的心情。

不过，对于“第三个应了梦的人”来说，因为平时没什么朋友，所以铃木对你来说应该是一个非常重要的人。但是他却是那种除你之外还有很多很多朋友的类型。这种“朋友之间的落差感”也让人心里挺不是滋味的。

还有，他的这句“我要去见证黑暗骑士的崛起啦～”真是充满了 2012 年的年代感，而且轻佻得令人难以忍受啊……

蹦迪和剪刀腿

巴努贡（男·20 岁）

经历了两年的复读之后，今年，我终于考上了大学。我是一个刚刚上架的鲜肉新生，当然，朋友的数量也是 0。所以在入学典礼上的低存在感和胆怯，是无法言说的。

我想宇多丸老师您一定知道，入学典礼结束后的大学校园里，各个社团都会展开激烈的抢人大战。各种社团的学长学姐为了把像羊羔一样瑟瑟发抖的学弟学妹拉进自己的社团而疯狂出击。我也怀揣着一半忐忑、一半期待的心情走在校园里面，想着什么时候会被搭讪。然而并没有人跟我搭话。

入学后的第四天，我已经开始失落。我看上去就那么不好搭讪吗，我不配吗……脑子里想着这些，我走进食堂，在一个角落里的位置坐下来吃饭。

这时，有个人过来问我："你也是大一的吗？我可以跟你一起吃吗？”

“可以，没问题。”我笨拙地回答。坐到我旁边的是跟我一样刚入学的大一新生M，他说他已经决定加入足球社团了。

现在想想，M无非就是想拉我一起加入社团罢了。但第一次被搭讪的我只顾着高兴，满脑子想的都是：“这下终于可以交到朋友了！”我们交换了电话号码，约着一起去参观社团。

说到足球，我在“实况足球”里的水平可以说是一流的，但放在现实中，我大概也就是高中体育课的水平。再加上两年的复读生活，让我的体育细胞已经消失殆尽。但是M不一样，他高中时一直在足球队里踢球。

M对我很好，和那些一看就是为了把人留在社团里，心中充满邪念的人不一样。我们是很纯粹的朋友。

但现在，我和M正在渐渐疏远。

起因是足球社团的第一次迎新聚餐。参加的人有社团的所有成员以及对这个社团感兴趣的新生，一共40人左右，规模还比较大。我也抱着结交更多新朋友、尽快融入社团的目的，参加了这次聚餐。

我的心理支柱M，这时候已经是学长学姐眼前的红人了，一会儿被拉到这儿、一会儿被叫到那儿，特别受欢迎。而一旁的我却始终没有挪位置，一直在同一个地方喝着啤酒。

跟坐到我旁边的人也没什么话说，只顾着闷头喝啤酒的我，没过多久就醉了。俗话说，酒壮㞞人胆，我的态度也随之变得无所忌惮起来。

不能只是原地等待！得主动进攻！于是，我鼓起勇气走到那个长得很是我的菜的大一女生 K 子旁边，跟她搭了话。大概是因为酒精的作用，我比平时显得开朗多了，加上说话的声音也放大了不少，我们的对话比我想象中更愉快，顺势交换了电话号码。

到这里还是比较顺利的。

然而接下来，我将经历一次巨大的失败。虽然我和 K 子已经聊得很投缘了，但是我们从见面到现在也不过一个小时左右。我明明可以借机邀请她有空一起去吃个饭之类的，把彼此之间的气氛保持在一个很好的状态。但我的提议却是：咱们跳舞吧。

我所想象的大学生活，就是每天晚上都在夜店蹦迪。大概是因为有了这种错觉，我才会提出这么诡异的建议。现在回想起来，我自己都无比嫌弃自己。

不出所料，K 子很不愿意。

而我却强行要让她站起来。

M 从远处担心地看着这一切。

在“跳舞吧”“我不要”几个回合之后，我开始不耐烦了。鬼知道我脑子里在想什么，为了让 K 子站起来，我给她来了一击“剪刀腿”……

遭到初次见面的男生的剪刀腿攻击，K 子吓得哭了出来。

我生平第一次把女孩惹哭，陷入了慌乱。

我的记忆到这里就断片了（后来我听学长说，在那之后我就睡了过去，最后是被学长们塞进出租车里遣送回家的）。

两天之后，我遇到了 M。但这时，M 已经不再像以往那样对我友好。

“我说巴努贡，你怎么能对一个女孩子做剪刀腿呢。真的挺差劲的，无论如何你也不能做这种事啊，她多可怜啊。我觉得你有必要好好反思一下自己的酒品，也好好想想怎么和女孩子相处。”他的语气很冷漠，说完转身就走了。

我想对 K 子道歉，给她打了很多通电话，但是她都没有接。

宇多丸老师，我是不是只能就此跟 M 和 K 子疏远了呢？但是我不想就这样失去在大学里交到的第一个朋友。

宇多丸 巴努贡，我非常能理解你想要诉诸酒精力量的心理。实际上，直到你和 K 子聊天，慢慢熟络起来为止，酒精都发挥了很积极的作用。

虽然之后你的失态有多可怕、有多不应该也不需要我多说了，但是话说回来，M 和 K 子也还年轻，他们还不能平和地对待这件事情，还没有足够的度量去宽恕他人因为酒精犯下的错误，也还无法看开、理解这个年龄可能就需要经历这些事情去慢慢成长。说实话，你可能很难再让他们对你的印象恢复如初了。但不管怎么样，我觉得你应该对 K 子好好地道个歉。哪怕她不接电话，给她留个言也可以，应该把你最真诚的歉意表达给她。

再说个题外话，我当年加入大学社团的时候，并不是因为有人拉我入社，而是自己去了解和打听了很多社团的活动内容，最后从里面挑出自己最感兴趣的，决定加入的。巴努贡，你想继续留在这个足球社团也无可厚非。但我觉得，是不是还可以去尝试找找其他更能让你活跃起来的，同时又能接受真正的你的社团呢？因为人在学生时代最大的特权，就是有大把的机会去尝试各种各样的事情。

梦想的延续

横滨黄昏立式香蕉（男·56岁）

这是关于我的朋友小边的故事。三十年前，在我还是20多岁的时候，有个叫小边的男孩和我在同一个小剧团演舞台剧。

大学毕业之后，我和表演系的同学一起组建了一个小剧团，小边是后来加入进来的。他是除了我们表演系同学之外的第一个剧团成员。小边是个Nice Guy，憨厚老实但不爱说话，总是一脸佛相，笑眯眯的。他不仅很快就融入了我们这个集体，还很受大家喜欢。

但是，小边作为一个演员，却笨得让人难以置信。别看他平时总是给人一种和蔼可亲的感觉，但一旦开始排练，无论是他的说话方式还是肢体动作，都变得犹如一个发生了故障的老式机器人一样，让所有在场观看的人都陷入无尽的尴尬之中。

正因为他是个超级大好人，所以我总是觉得，是不是应该给他一些真诚的劝告，告诉他“你不适合演话剧，应该尽快断了这个念头，去寻找别的出路”。于是我找到了剧团的导演，也是这个剧团的团长 K，跟他说了我的想法。

我之所以这么做，还有另外一个原因。小边的家境很好，他家在东京的市中心有一栋自己的楼。我们当初之所以拉他加入剧团，其实是觊觎他的背景，希望能够通过小边，在那栋楼里搞到一间我们自己的排练室。动机可以说是非常的不纯粹。所以每当我看到小边那故障机器人一般的演技，就会深深地觉得把他拉上这条路的我们都是罪人。

然而导演 K 却不怀好意地笑着说：“没事儿，小边可以的。”我实在是想不通，只能在心里恶狠狠地骂他：“你就那么想要自己的排练室吗！”

临近公演的某一天，在排练室里，小边突然觉醒，并爆发出了高超的演技。忽然之间，他的身体变得张弛自如，对声音的驾驭也更加灵活自由。我们一同见证了一个年轻演员“开窍”的全过程。最后，演出基本成了状态起飞的小边的个人秀，我们都被这位年轻演员自由奔放且充满喜悦的演技所折服。

那时正值小剧场发展的第二个黄金期，众多剧团在各地群雄逐鹿、割据扩张。当时很流行混合了即兴表演的演出形式，我们剧团也在练习即兴表演上下了很多功夫。我和小边一起日复一日地重复着一种被我们称作“AB”的即兴表演训练法。所谓“AB”训练法，就是由两人配合完成，A 会不断给 B 抛出指令：哭！笑！惊讶！一边惊讶一边笑！在天上飞！拯救地球！一边拯救地球一边哭！等等。对于这些指令，B 必须立即做出相应的动作，不管 A 给出的指令有多么无厘头。

小边擅长的不是负责下命令的角色 A。恰恰是困难的角色 B，才能让他发挥出自己的本领。虽然表现还是略显笨拙，但小边总是认真地回应着角色 A 所提出的各种难题，并且乐此不疲。小边对种种无厘头的指令来者不拒：他边笑边哭边惊讶地在天上飞；一边与强烈的困意做着斗争一边连蹦带跳地跨越多佛海峡；一边不停地打嗝一边唱着披头士的歌曲大串烧去拯救地球……

后来，我们的剧团上座率越来越差，老成员也一个接一个地退出。成员们都变得疲惫不堪，最终，剧团解散了。在最后一场演出的庆功宴上，小边用平时那种稍显木讷的语调，向在场的人公布了一个惊人的决定：

“我准备去美国了。去美国，作为一个演员再拼搏一把！”

……小边，你的英语也没那么好吧？一个年近 30 岁，连英语都说不出一整句的日本小剧团的小演员，就这样单枪匹马奔赴美国，也不知道他到底打算怎么“拼搏一把”。

然而小边的决心是坚定的。也是借着酒劲，在场的所有人都为小边送上了毫不负责的祝福：“去吧！拼搏！奋斗！人生只有一次！打他个落花流水！”……

20 多岁的年纪，正是人生中最艰难的爬坡期，每天都在为生活东奔西跑。在那个年代，别说是社交软件，连短信都还没有普及。小边去了美国之后，我们有过几次书信往来，但回信间隔越来越久，直到不再联系。不知不觉中，我们就这样疏远了……

时光飞逝，十几年后的某一天，我久违地接到了当年的剧团团长 K 打来的电话。

“你看《最后的武士》了吗？还没呢？那快去看！一定把你感动得稀里哗啦！”

“啊？我记得你不喜欢汤姆·克鲁斯啊。”虽然我感到有些诧异，但还是走进了电影院。影片的中间部分，有一段剧情是汤姆·克鲁斯饰演的阿尔格兰大尉前来营救渡边谦饰演的吃了禁闭的森胜元。

此时，与汤姆·克鲁斯对峙的那个警卫队长，就是当年我们最熟悉不过的那张佛相面孔——小边。我的大脑一时没反应过来这是怎么一回事，但眼泪已经夺眶而出。

干得漂亮！小边！

也许这算不上什么重要角色，但是当年那个笨拙的老式机器人，从下定决心“去做”的那天开始，卧薪尝胆十几年，终于走到了今天这一步。在我们看来，这就是一个伟业。

又过了三年，我在《硫黄岛的来信》中，再一次看到了银幕上的小边。他扮演的角色是渡边谦饰演的栗林中将的副官，在克林特·伊斯特伍德大导演的电影里大展身手。

有一个场景是在硫黄岛的海边，栗林中将和副官两个人单独演练美军登陆。

“跑！往右走！匍匐前进！”……副官拼命完成上级一个接一个抛出的指令的样子，和当年努力完成“AB训练”的小边一模一样。银幕上他的身影和当年在剧团时的那些回忆重叠到了一起，我的泪水再次决堤。

又过了三年左右，在2009年的年末，小边忽然联系了我。他说那年他会在日本过年，想见见大家。

当年剧团的伙伴们又凑到了一起，时隔二十年，以小边为主角举行了一场新年聚会。小边还是那张佛相面孔，一如既往地憨笑着。不只是他，到场的所有人都是笑眯眯的，一脸慈祥。

小边跟大家讲了讲自己的近况，说了一些这二十年来的辛苦，还爆料了一些电影拍摄的幕后花絮。

等会儿！那个老式机器人竟然在直呼克林特·伊斯特伍德大导演的名字！

更加令人惊讶的是，接下来小边要和在《硫黄岛的来信》中合作的裕木奈江女士共同主演一部描写日裔情侣的独立制作影片《白水稻》（*White on Rice*）。

虽说是独立制作，但小边终于迎来了第一部以他为主角的电影。小边，好样的！这是一件可喜可贺的大好事，但我却感到有些后怕。想起当年自己试图居高临下又多管闲事地劝告小边放弃表演的样子，不禁冒出了一身冷汗。

从那年起，我们总是掐准小边回国的时机，以大约两年一次的频率聚在一起喝酒聊天。这种松弛的友谊，还在继续。

去年年底，我与小边和剧团导演 K 聚在一起喝酒。小边吐露心声，说他想回国了。看样子在美国的演员生活还是很艰辛的。我们就像小边宣布自己要去美国发展的那天晚上一样，给他送上了毫不负责任的安慰和鼓励。我们卖弄着“diversity”（多样性）、“crazy rich”（土豪）等洋气的词语，对小边说：“虽然可能有很多的不如意，但还是再坚持一下吧。”

因为深知这是我们的自作多情，所以下面这句话没对他说出口。但是，小边，你对我们来说，就是曾经放弃的那个梦想的延续啊。

池泽春菜　好感人的故事！

宇垣　（看照片）渡边广老师，确实有佛相！渡边老师出演的电影，我们肯定都看过。让我最感动的是，这一路走来，直到今天，当年的朋友们还都在祝福他、支持他。

宇多丸　最初明明是觊觎人家排练室那么不纯粹的动机。在银幕上看到小边的身影时，“我的大脑一时没反应过来这是怎么一回事，但眼泪已经夺眶而出”。读到这一段我真的差点泪崩……

池泽　曾经在剧团的小伙伴们，现在应该都没有走上职业演员的道路吧。所以才是“曾经放弃的那个梦想的延续”。确实很戳泪点啊。

时间胶囊

Pass Otto（男·40岁）

我10岁（小学四年级）那年，是我所在小学的建校五十周年。学校组织了一个活动，让大家给三十年后的自己写一封信，放进时间胶囊里，三十年后再打开。

“40岁的我会是什么样？”我还记得我一边想象一边写信的情形，但是具体写了什么，已经忘得一干二净了。

去年，40岁的我收到了一封来自三十年前的自己的信。

我很期待看到当年的自己对现在的希望和想象，但信的内容却让我大失所望——信中对40岁的我的想象只有一句“我完全想象不到那时候的我会是什么样”，再无其他。而信中的大部分内容写的都是我的两个好朋友：O和H。

我与O和H是从三年级的时候开始一起玩的。从信中我读到了：O 是个脾气有点差，但是很有趣的人；我和 H 因为游泳班的时间相同，所以总是一起去上课；三个人经常交换彼此的游戏卡带玩；H 在暑假期间转学了，让我很难过……

这封信就好像是 10 岁的我在拼命对我诉说，O 和 H 对我来说是多么重要的朋友。

然而实际上，在我写完这封信不久之后，O 也转学了。除了和 H 交换过一次贺年卡之外，我就没有关于我们三个人的其他记忆了。

要问我小学时代的好朋友是谁，我第一个想到的是五六年级的时候一起玩的朋友，无论 O 还是 H，优先级都不高。

但是就因为这一封 10 岁的我写给我的信，我似乎重新意识到，在那个年纪，O 和 H 对我来说，确实是最最珍贵的朋友，也是我现在最棒的“前任朋友”。

如今网络如此发达，我怀着“也许能找到？”的期待，在网上检索了一下 O 和 H。得知，O 现在在经营一家酒吧。好像也没有特别想要见面的冲动。他的 Facebook 头像是一张和客户打高尔夫球的照片。看到照片里的他笑得那么开心，我就很满足了。

很遗憾我没能找到 H。但我由衷地希望他也能一切顺利。

宇多丸 我们当初在选题会上提出这个栏目策划的时候就探讨过——现在这个时代，很容易就能在Facebook上看到“前任朋友”的消息，甚至还可以联系上他们。对于老朋友的那种复杂感情是否会因此淡化很多呢？

但话说回来，就算看到了那个人的消息，也不代表一定要去联系，因为好像也不知道该说点什么。所以那种感觉大概不会因为社交软件的产生而改变。这大概就是前任朋友的特别之处吧。从某种意义上来说，“前任朋友”比前任男女朋友更让人有距离感。

我想救你

佳能203（男·80后）

那大概是两年前的事。

从初中的时候开始，我一直都很崇拜我的好朋友。他很擅长画漫画，不管是《龙珠》还是当时流行的一些动画片的形象，都画得很像。我也不甘示弱，想要在画画上跟他一决雌雄，但是水平远远不及他。即便如此，他还是很喜欢跟我一起玩。

我和他很聊得来，直到各自进入不同的大学之前，我们一直都是宅男好朋友。我们两个不在一所大学，没办法经常见面，但还是会频繁地互相联系，一年到头也会见上两三次面。

大学毕业之后，我们两个人的距离就更远了（相当于从东京到大阪的距离），联系少了很多。有一天，他突然在没有事先跟我打招呼的情况下就出现在了我家门前。和他一起来的还有另一个人，我之前也见过几次，但并不认识。

他一见到我就说："我想救你！""啥？！"我一头雾水，摸不着头脑。

当时，他是一名教师，而我辞掉了工作，靠漫画投稿为生。

据他所说，我正处在人生中最不幸的低谷，而他正在参加的训练营（后来我才知道有这种叫作自我启发训练营的东西）一定能帮我解决烦恼，走出困境。他眼含热泪，一个劲儿地给我讲这个训练营有多么多么好。他的样子让我哑口无言。

紧接着他又说，加入训练营需要交 50 万日元的申请费和 5 万日元的会费。

搞笑呢吧？！ ((((゜Д゜;)))) ！

"我现在很忙，对你们所说的事情也毫无兴趣。"我拒绝了他们的推销。于是他又改变说法，一个劲儿地跟我强调，申请费可以由他帮我垫付，我只要交 5 万日元的会费就行了（不知道为什么，跟他一起来的那个人也眼含热泪）。我意识到这个局面已经非常危险了，于是丢了一句："我还没沦落到要被你拯救的地步！"就把他们俩从我的出租屋赶了出去。

直到离开，他都还在说"你是我最好的朋友，所以我才想帮你！""太可惜了，通过这个训练营你一定可以变成更好的自己！"……我记得我当时对他说的是："我跟你就此绝交了！别再让我看见你！"

真不知道这家伙在大学里都遇到了什么事……

十几年后，那一天，我在漫展上和他偶遇了（当时可把我吓了一跳）。他的手里拿着自己出的同人漫画，但是已经没有了当年的风采（他画画的水平明显下降了很多）。

都已经过了这么多年，我也在想，也许可以趁这个时机修复我们的关系。但他对当初那个训练营的评价还是很好，至今都不后悔加入他们，也不觉得自己做了错误的选择。

而我，已经一大把年纪了还是个宅男。不可否认，我的很多宅男兴趣，都是当年在他的影响之下养成的。从这个意义上来讲，我很感谢他，也觉得年少时期的那段美好时光对我来说是很珍贵的回忆。

但是，要问我能不能和现在的他继续交朋友，我觉得不可能了。于是从那次偶遇以后，我们也没有再联系。我也不打算再和他联系了。

据说他现在还是一名教师。对此我感到背脊一凉。

宇多丸　哎，很常见啊……人跟人的友情被这种什么训练营呀、宗教呀、传销之类的东西给彻底破坏掉的事情。退一万步讲，就算打算拉朋友入伙的一方真的觉得这是一件好事，我还是觉得很生气。因为这个组织很清楚自己就是要通过发展下线的方式来供养最大头的那几个人，而且因此不惜彻底破坏掉那些下线和朋友、家人之间的感情。这种组织能是什么好东西呢！再加上后来这个朋友再也画不出像以前一样好的漫画了，这件事也让人感觉到岁月无可回头的无奈和惋惜啊。

A

Tai 酱（男·80 后）

对我来说，逐渐疏远的朋友是一个我在初中时代认识的，和我相处了二十年的男人。他叫一马。

我和一马，从电影的喜好、音乐的品位到笑点，从一开始就都非常契合。我们两个一起去电影院刷过 14 遍《终结者 2》，每年都会一起去福冈看 B'z、CHAGE and ASKA 以及冰室京介的演唱会，只要一听到世良公则演唱的《枪爪》的开头“绝情的话啊 ~”，一定会同时笑喷。总之，我们两个人在一起总是特别开心。

然而，在我跟他开始疏远的三年前，他交了一个新的朋友 A。A 是一马的高中同学，但毕业之后很久都没有联系了。据说两个人是在一次偶遇之后，关系变得越来越近的。

对于我来说，一马交到新的好朋友这件事本身没什么问题。

但每当我对一马发出“周六一起唱 K 去吧，好久没去了”的邀请的时候，一马就会说“我得问问 A 才行”“A 不让我去，还是算了吧”之类的话。我们的关系陷入了一种很奇怪的状况——一马一定要取得 A 的许可才能跟我出去玩。

有一次，我跟一马提议，我和他还有 A 三个人一起出来玩，但被一马一口否决了。这种状态持续了将近一年的时间，我决定从此和一马保持距离了。

几年前，我在光盘租赁商店 GEO 的 AV 区碰巧撞见了一马。

我们在新番专柜前先是寒暄，感叹了一下彼此体形的变化之后，又讨论了 B’z 的新歌以及喜欢看的 AV 等。但说实话，气氛非常尴尬，两个人都很别扭。

听说他和 A 的朋友（主从？）关系还在继续。临别时，我鼓起勇气对他说：“回头咱们再一起去看电影吧。”

他的回答是……

“嗯，我回去问问（A）吧。”

从那以后，我再也没有和一马见面，他的电话号码我也都删除了。

近二十年的友情，就因为一个人的出现，这么轻而易举地破碎了。现在想想，还是觉得挺遗憾的。

宇多丸　这位 A 是一个妒忌心很强的人吗？一马非常忌惮 A，因此他们两人才变成了支配与被支配的关系？到最后也不知道 A 到底是个什么样的人，而且他们俩的关系又很不透明，这一点也让人感觉很可怕啊。

当对方的生活中出现了我们不能理解的事情时，就好像是“我们都不再是曾经的我们了”这个事实被无情地摆到了眼前一样，无论如何都很难再像以前一样相处了吧。

只能陪你走到一半

嘴上将军（男）

K 是我小学时候的好朋友。每天放学之后，我们总是一起在家里打游戏，周六日也总约着一起去游泳馆游泳。我们的关系非常好，是那种可以称之为“好哥们儿”的关系。有一阵子，我们的关系好到就像是一对连体婴，形影不离。

然而从五年级开始，我和转学过来的 M 也成了好友。但在以 M 为中心的那个小团体中，悄然兴起一股大家一起排挤 K 的风气。

我跟 K 和 M 的关系都很好，但我确信如果我也和 M 他们一起这么做的话，K 一定会非常伤心，所以我明确对 M 的小团体表示：“我不想参与这种校园霸凌一样的行为。”

虽然这么说，但是我和 M 他们相处的时间要比和 K 在一起的时间长，所以从结果上来说，也成了他们排挤 K 的一个帮凶。

后来我听K的家人说，当时因为这件事，K感到非常非常苦恼。

每天早晨上学，都是我先去K家接上他，两个人一起走到和M一行人会合的地方，再大家一起走到学校。表面上是大家一起走，但每次一和M他们会合，K就会因为顾及我的感受，脱离队伍一个人走到学校去。

这种状态一直持续到了小学毕业。虽然在形式上我和K都一直坚持两个人一起走到与M会合的地方，但越到后来我和K就变得越尴尬，我心里对于K的愧疚感也越发强烈。

就这样迎来了毕业，我和K也就疏远了。上了大学之后，K成了“非主流”，而中学时代一直都很“现充”[1]的我却降级成了一个非“现充”。

如今我们都已经工作，没有再保持联系，只在同学会上见过一面。

小学毕业后一直到高中，我都很想找机会当面对K说：“对不起，那个时候孤立了你。”但现如今，K也在享受他自己的生

1　即“现实生活充实者”，指不靠动漫、游戏和互联网就能在现实生活中过得很充实的人。

活，也许他并不想回忆起那段往事，我觉得，不说也罢。

宇多丸 回顾我自身的经历，也发现小学高年级的那段时间身边经常发生那种毫无道理地孤立一个人的事情，很多人因为害怕自己也被孤立，所以就成了帮凶。真是个非常不好的风气。可是，唉……两个人一起走到半路，等你跟别人会合了就各走各的……这种做法的确很小学生，很幼稚，但肯定实实在在地伤害了他，也给你带来了很多痛苦吧。

拼命叫唤的鸽子

借东西的小人 Naoto（男·80后）

我的初中时代，是在一个年级人数不足一百人的小学校度过的。初三那年的9月份，在距离毕业还有不到半年的时候，一个海归学生M，转到了我们这所学校。爱管闲事的我疯狂和M搭话，很快我们就成了好朋友。

我们虽然去了不同的高中，但还是会定期联系。后来，我们意外地考入了同一所大学，上学期间我经常会去他独居的小屋留宿，我们依然是很好的朋友。

M是个有点奇怪的家伙。

·在高中的走廊里搭了一个四驱车的赛道，每天都在学校里跟同学玩赛车。

·在公园里抓了一只鸽子，抱着那只拼命叫唤的鸽子坐上了山手线，把鸽子带回家变成了宠物。

· 不知道是不是从鸽子身上传染了什么病菌，从抓鸽子的那天开始，持续高烧了一段时间。

· 把猫和鸽子养在一起后，猫把鸽子给弄死了。

· 在公园的长椅上睡觉的时候被一个流浪汉搭话，于是留宿在了流浪汉的家里。

· 在公园里和流浪汉下象棋，下着下着发现那个流浪汉的手少一根小拇指。流浪汉从 M 的视线中看出了 M 的疑惑，说了一句让人分辨不出真假，却足以毛骨悚然的话："你要是输了，也要变成这样。"于是，求生欲爆棚的 M 完美地预判了流浪汉的棋路，赢了那盘棋。

像这样，他的奇葩事迹不胜枚举。

虽然有点特别，但他是个非常有人格魅力的家伙。在一个人旅行的途中遇到的服装公司老板会对他说："毕业之后来我这里工作！"女朋友也是换了一个又一个，从未间断过。他总是自带吸引人的某种魅力。

大学毕业之后，M 利用打工时积累下的人脉，经过一系列曲折，进了一家出版社成了漫画编辑。这是我听他本人说的，但那也已经是五年前的事情了，现在他身在何处、在干什么，我不得而知。因为他是一个从不在社交平台上发布自己状态的人，所以没人能够捕捉到他的行踪。

今年我就要结婚了，我很想邀请他来参加我婚礼的二次会[1]，但我并不确定我知道的那个他的 LINE 账号现在还在不在用，所以有些没有勇气迈出联系他的那一步。

宇多丸　“拼命叫唤的鸽子”是个什么鬼！不过像你们这样一直到大学时代都是好朋友的，也会疏远啊？

宇垣　我听很多人都说毕业工作是一个分水岭，工作之后就再也没见过以前的朋友了。一旦断了联系，也就没有见面的机会了吧。

宇多丸　让我意外的是，有如此多“壮举”的 M，竟然是一个完全不用社交软件的人……

宇垣　这种事也常有吧，有的人一旦工作了就再也不用这些软件了。

宇多丸　是啊，M 也并不一定现在还保持着他学生时代的那种异想天开的做事风格。不过，既然知道 M 的 LINE 账号，我觉得应该鼓起勇气去主动联系他一下。总之，包括这一点在内，这是一个很现代的故事。

1　指正式婚礼仪式后由亲友参加的相对随意的婚宴部分。

（节目播出的两周后）

宇垣 “借东西的小人Naoto”给我们寄来了故事的后续发展。

“在我的故事被播出的第二天，我收到了来自M的LINE信息。M的高中同学听了节目之后联系了他，问他：‘这是不是你？’听了广播后，M就给我发来了信息。我们渐渐疏远并不是因为闹别扭了，所以一旦聊起天来，话题还是会一个接着一个地往外冒，根本停不下来。最后，他答应来参加我婚礼的二次会了。一切都多亏了这个节目。这就是‘前任朋友’的奇迹吧！真的真的很感谢你们。广播真是一个有魔力的东西啊！”

宇多丸 太好了！！我们也算是帮到忙了。我太高兴了。他还把LINE的聊天记录的一部分也截图发给我们了——“我听广播了，新婚快乐。”“真的假的？我都不好意思了。”“我一个高中同学发LINE告诉我的。”“那我就趁这个机会说了吧，你愿意来参加我婚礼的二次会吗？”

宇垣 看到了没，“我听广播了，新婚快乐。”这句话的上一个对话日期是2016年的12月[1]啊。而且内容是“下个周日你有空吗？”要在这个对话下面开启新的对话，确实很需要勇气啊。

宇多丸　也就是说上一个对话是戛然而止的。

宇垣　M应该也觉得，哎呀忘了回复，可又有点不知道该怎么回复了吧。

宇多丸　就是这种尴尬的累积……

宇垣　让两个人渐渐走向了疏远的方向。

宇多丸　能在这个过程中帮上一些忙，对我们来说也是一件很欣慰的事情。

宇垣　看到这个故事的后续，就觉得“前任朋友”的故事也不一定都是让人心酸的。

1　节目在2019年4月16日播出。（日文版编注）

岔路

TEITEI（男）

我和初中的同班同学 A、B，因为都喜欢搞笑段子，所以经常三个人聚在一起编段子、演小品，然后用 B 的摄像机录下来。也不为了发给谁，就只是三个人挤在一起从摄像机的小屏幕上回看，然后一起捧腹大笑。

我们进了同一所高中，只要有文化节之类的活动，三个人就凑到一起编段子，排练各种小品、相声。我们在学校里也小有名气，一提到搞笑组合，大家都会想起我们。

毕业之后，我进入了设计类的大学，A 进了家里开的公司，喜欢摄像的 B 踏入了广播电视行业。

又过了十几年，我从设计改行做了餐饮。当时有个顾客问我："我觉得你挺幽默的，想不想试试做主持人？"于是以此为契机，我走上了网络视频节目主持人的道路。

大概三年的时间，虽然缓慢而笨拙，但随着主持经验的积累，一开始是个纯门外汉的我也有了一些进步。

就在这时，B 联系我说，希望我能当他婚礼的表演嘉宾。B 也正摸索着开始制作属于自己的节目。他说，在这样那样的束缚中，在被下达的任务和自己想做的事情的夹缝中，他有时会想起当年三个人一起做的那些小短片。

B 说，他想在自己的婚礼上，让三个人重新聚到一起，再表演一次属于我们三个人自己的相声，找回当年的那种感觉。他的那种热切的期待，通过电话感染到了我。我联系了 A。A 也很激动地接受了这个邀请，兴致勃勃地说一定要把 B 的婚礼搞得热闹非凡、充满笑声。

后来我把我写的脚本寄给了 A 和 B，三个人通过电话反复排练。婚礼当天，我们都排练到了上台前的最后一刻。

婚礼进行到一半，马上就是三人相声组合的登台时间了。

这个相声的开场是我和 A 先登台，然后再把 B 叫出来。

A 的角色是逗哏，但他却一言不发呆呆地站在原地。一看他的脸上，大颗大颗的汗珠正在往下滴。

A 因为过于紧张，完全忘了台词。

我和B想方设法把这个场面给蒙混过去，觉得也算是顺利结束了我们的表演。但直到最后的最后，A都僵着一张脸，一句话都没有说出来。

回到座位上后，A说："这么多年我都在认真工作……不像你们，有那么多时间玩闹。"我知道A是因为不甘心才会这么说，所以没往心里去，也没有回应。

后来，我又联系过几次A，但从那件事以后，就再也没有得到过他的回复。我还是很希望能用iPhone拍下三个中年大叔的无聊小短剧，像以前一样，三个人挤在一起，边看边一起捧腹大笑。

宇垣　扎心了……这个真的好疼！就是因为很能理解A的感受，所以更觉得扎心。

宇多丸　虽然三个人都没想过要当职业的喜剧演员，但回过头来突然发现三个人已经走上了完全不同的道路……A下台之后说的那句话，也让这种苦涩和无奈更加鲜明。

宇垣　如果A只是一笑而过，"哎呀你看我，太紧张了，嘿嘿"，也就不会让人这么难受了。

宇多丸　A也是直到演出开始才意识到，原来自己和其他两个人的距离比想象的还要大很多，所以心理上一下子承受不住了吧。

宇多丸 & 宇垣　真是太扎心了……

高中出道

毛线的时钟（女·30岁）

我现在还会想起的已经疏远了的朋友（前任朋友），是我初中时候关系很好的一个男同学。

初二那年，因为无论怎么换座位，我们两个人都经常会成为同桌，所以自然而然变成了好朋友。虽然我们不是同一所小学上来的，但家住得很近，放学后也经常去对方家里玩。慢慢地我跟他的妈妈和妹妹也很熟了。

我们两个开始疏远，是在进入高中之后。

我们去了不同的高中，那个男生成功实现了人们常说的“高中出道”，一进入高中，女生缘就突然变得特别好。而我因为一直跟他关系很好，所以总有女生为了打听他的各种信息而靠近我。日复一日。

我渐渐对这样的状态感到不适，跟他也就开始疏远了。不过如今回头看，我觉得自己当初也许是对他抱有一种恋爱般的情感。

今年我已经 30 岁了，有一次我突然想起他的事情，就跟朋友说："你说，那谁谁现在结婚了吗？"没想到那个朋友给我的回答是："啊？那是谁来着？"

我忽然觉得，人的记忆也不过如此而已。

宇多丸 并不是那个男生本身的性格变了，而是因为"高中出道"这件事让两个人所处的环境变了，从而导致两个人的友情产生了裂痕……虽然苦涩，但也有一点酸酸甜甜的味道啊。

不祥的预感

Mui 酱（女·27 岁）

我今年 27 岁。一到这个年纪，突然冒出来找你的“前任朋友”就会增多。是的，那些家伙突然找你的目的只有一个——邀请你参加婚礼。

你和她们既没有每年一次的贺年卡往来，毕业之后也没再见过面。况且，上学时候也算不上是好朋友吧？就是这种，顶多在手机里存了个电话号码的“真·前任朋友”，突然冒出来邀请你去参加她的婚礼，我能想到的目的也只有一个——捞红包。

如果不只是想要捞红包，而是作为朋友真心希望我能给你人生的新篇章送上祝福的话，那是不是最起码一年也得联系个一两次，让我觉得我还是你的朋友呢？

时隔近十年的短信，竟是婚礼的邀请。太唐突了。

我认为，岁月这个东西可没有这么简单。这些人对我来说已经彻底成了过客，那么只要我去参加她的婚礼，就能把这么久以来的空白都填满吗？怎么可能。

就这样，在我陆续接到了几个“前任朋友”的婚礼邀请之后，我收到了她的邀请。她是高中时和我在同一个社团的女生。

我和她加入了同一个音乐类社团，演奏的是同一种乐器，还是同一个音部。放学之后我们经常会和同一个音部的其他同学一起玩。

她是社团的团长，但她的性格，说好听点叫作有自己的节奏，说不好听点，就是懒散。

她总是明明身上只有500块钱，但还要提议出去吃饭，然后自己点了超过500块的东西，结账的时候就说“一会儿就还你”，让大家帮她垫付。每次约定好的集合时间，她一定会迟到20分钟以上，而且也不会主动联系你说她会迟到，你联系她的时候她还不接电话。这样的事情经常发生。

当你希望她把之前借的钱还给你，她就会漫不经心地说：

“啊呀对不起，我今天也没有钱。”

“下次，下次一定还你。”

结果你还是拿不回你的钱。

我决定和她分道扬镳是在大一那年的暑假。考到了地方大学的她，因为暑假要回老家，所以就约上大家说要一起聚一聚。

不巧，天气预报显示那天会有台风，于是在前一天，我给她发信息问：“明天好像有台风啊，咱们怎么办？是不是先定个大概的计划比较好，不然路上会比较辛苦吧。”她回复：“不用计划，不用计划。走一步，看一步。”看到这条信息，我的心里开始有了非常不祥的预感。

果不其然。我们几个人在没有任何计划和目的的情况下，在阳光城（Sunshine City）周边冒着台风天气硬是逛了快六个小时。只有在“丸龟制面”吃中午饭的时候，以及在“Toys ‘R’ Us”里的儿童电脑前摆弄那些小玩具的时候，坐下来歇了歇脚。

不是想去哪里，也不是要看什么，也没聊什么彼此的近况，就只是在台风天的大风大雨里，闲逛。我不知她是怎么看待这件事的，但对我来说，那绝对不是一段快乐的时间。

从那以后，我就不想再主动去联系她了。而且我们老家和她所在的大学距离也比较远，我们就慢慢地疏远了。

就这样，我们已有将近十年没再联系。但她在突如其来的婚礼邀请信息中写道：

“好久不见呀。咱们真的这么长时间完全没有碰过面啊，你还好吧？你也没来参加社团的同学会，我很想你啊！是不是以前我做的哪些事情让你不高兴了？如果是这样的话，你来参加我的婚礼，我会当面跟你道歉的。所以一定要来呀！”

的确，我不去参加社团的同学会，有一部分原因是不想碰见她。

一次又一次借钱却不还，迟到，性格不合。把这些全都抛在脑后，虽然也不太知道原因，但总之你来参加我的婚礼我就跟你道歉。面对这样的她，我只想继续和她保持“前任朋友”的关系，于是婉拒了她的婚礼邀请。

宇多丸　这个故事听着有点虐心啊，完全不是一个暖心的结局。

驹木根隆介　我倒觉得，主动再去见她一次可能也挺好的。我们的生活里经常有那种人吧。平时就自由奔放，虽然你不知道 ta 到底心里有没有你，但时不时会发来这种看似还比较亲密的信息。我是个心胸不太开阔的人，所以看到这样的人，就会觉得（自己总是这么用心地活着），人生真是亏了。然后就想，自己是不是也应该活成这样……

宇多丸　是不是还有点羡慕这种人？

驹木根 是啊。反过来说，也许对方也觉得羡慕我的活法呢。

宇多丸 可能她也在自卑呢。比如“我一直都挺自卑的，总是不能像 Mui 酱那样做一个靠谱的人”之类的。

而且已经过去十年了嘛，也许正是因为她已经成熟了一些，所以才觉得有必要向你道个歉。又或许，其实她原本就没有我们想的那么神经大条呢。

驹木根 我也觉得。

宇多丸 Mui 酱，在我看来，你才 27 岁，还很年轻。也许你们今后还有很多重逢的机会呢。

驹木根 是啊，等你们到了将近 40 岁的时候，状况可能又不一样了。

宇多丸 当你们彼此的人生到了无法回头的时候，也许很多事情就变得可以原谅了。

重逢是一曲《今夜是 Boogie Back》

德克·迪格勒的儿子（男·80后）

J是我初中入学之后交到的第一个朋友。我们的关系很铁，每天一起上下学，一起第一次观赏AV，周末也基本上都会到对方的家里玩。

我当时非常喜欢Hip-hop组合里的Scha Dara Parr，但我的家乡属于那种穷乡僻壤，所以我的同学们压根儿都没听说过这个组合。我找不到人跟我一起讨论，常常特别苦闷。只有J也跟我一样喜欢Scha Dara Parr，我们经常在放学回家的路上走到河边的一片空地，一起合唱《今夜是Boogie Back》的rap部分。

如果是在大城市，我们可能因此开始对Hip-hop着迷，然后一起组个组合之类的。但奈何我们这里是个小乡村，根本就没有什么渠道能够收集跟Hip-hop相关的信息和知识，对我们来说，每天放学之后在河边对唱rap，就是我们最大的快乐了。

升入初二，我和J分到了不同的班。我们都在新的班级，有了新的好朋友，一起见面玩耍的次数也明显少了很多。即便如此，我们的关系还是和以前一样亲密，也一如既往地一起唱rap。

就在这一年的暑假，我听了Scha Dara Parr的新歌《Summer Jam’95》之后深受震撼，心中生出了一个令我坐立难安的想法——这也太酷了！不行，我得跟J一起学会唱这段rap！但因为那年暑假我是在外婆家度过的，所以我们没能见面。开学第一天，我就带着那盘CD冲到了J的面前。

“J！你听‘Summer Jam’了吗？太牛了是不是？！咱们这回练这个吧！”我像一头牛一样兴奋地喘着粗气说。可J的态度却跟我截然不同，明显很冷漠……仔细一看，J的眉毛怎么没了！看来，就在这个假期，J加入了当地的小混混。

“我，已经对这些不感兴趣了。”听到J这么说，我感觉自己遭到了J的背叛。一股失望和愤怒涌上心头，什么都没说，转身离开了他。从此，我们的关系也完全疏远了。我们高中不在一所学校，在后来的很长一段时间里，我完全不知道J在哪里，过得怎么样。

然而，就在今年春天，J 通过社会招聘入职了我们公司。直到领导介绍之前我们互相都不知道对方在这里，所以看到对方的时候别提有多惊讶了。

J 的外表和言谈举止都已经成熟稳重了很多，但我们彼此之间的那种尴尬的氛围还在继续，不知该跟对方说些什么，所以除了工作上的交流之外，我们几乎不说话。

“我们的关系不会就这样一直下去了吧……”前些天我一边听这个节目一边这么想，胃里就好像有个铅块一样，沉甸甸的。

后来，部门组织了一场 J 的欢迎会。在酒席上我鼓起勇气找他搭了话，但即便都喝了酒，两个人之间的那种尴尬还是没有消失。我迈着沉重的步伐去了二次会的 KTV。

当我一边发呆一边闷头喝烧酒的时候，包厢里突然响起了《今夜是 Boogie Back》的前奏。J 把话筒递给我说：“一起唱吧。”

我很惊讶，接过了 J 递过来的话筒，两个人一起唱了起来。rap 的部分还是像初中时一样，我们配合得天衣无缝，让在场的人都跟着沸腾了。

唱完以后，我们就好像突然回到了初中时代一样，开始滔滔不绝地聊起少年往事以及音乐、AV 等各种话题。“对不起，当时用那么冷漠的态度对待你。”原来 J 也一直把这件事放在心上，还特意向我道了歉。两个人之间的隔阂和尴尬都烟消云散，关系仿佛又回到了初一那年。

J 已经组建了自己的家庭，我们不能像初中时那样总混在一起玩了。但我想珍惜这次重逢的机会，不要再让这段关系疏远了。

今天晚上去 KTV，我准备唱一首“Summer Jam”。

宇多丸 两个人时隔多年再一次合唱《今夜是 Boogie Back》(Scha Dara Parr& 小泽健二，1994)，这个剧情发展简直堪称完美……我都快被感动哭了！而且那首歌的 rap 词还唱到“对那时候的我们来说～”，有一些怀旧感在里面，跟你们两个人的故事真是太搭了。

驹木根 我和这位“德克·迪格勒的儿子”年龄差不多。相似的事情在我身上也发生过。那时候正好是《DA.YO.NE.》(EAST END×YURI，1994) 和《Grateful Days》(Dragon Ash feat. Aco，Zeebra，1999) 之类的歌曲流行的年代。

宇多丸 那你肯定也会模仿里面的 rap 吧。

驹木根 我和一个在 20 岁左右的时候疏远了的老

同学，成人仪式以来时隔很久又见了面。我们疏远的原因有些类似他对我的霸凌，但对于这件事，他后来也跟我道了歉，我们又一起去 KTV 唱歌来着。

宇多丸　那不就是这个故事吗！果然，有的时候音乐能起到很重要的作用啊。

读这个故事的时候我还担心，原本因为喜欢 Scha Dara Parr 而志同道合的朋友，时隔多年再见面，会不会已经变成了喜欢 Thumpin’ Camp 的硬核派乐迷，完全聊不到一起去了。还好最后不是这个结局！[1]

1　20 世纪 90 年代后期的日本 Hip-hop 界主要被以 Scha Dara Parr 为首的 Little Bird Nation 派和以 RHYMESTER、KGDR、BUDDHA BRAND 等为代表的硬核派两股人气势力二分天下。（日文版编著）

打工的店员VS顾客

垂垂（男·21岁）

对于大学生来说，迎新会，又称“SHIN-KAN”，是一个结交新朋友的绝佳机会，同时也是一个催生大量“前任朋友”的魔性活动。

在我们大学有两个轻音乐社团。我在其中一个社团（暂且叫作A）的迎新会上遇见了她。一开始我们偶尔会在LINE上聊聊天，在学校里面碰面的话简单聊上两句，但因为我决定加入另一个轻音乐社团（B），我们打照面的问候就逐渐变成了“哎，好”……到最后，即便擦肩而过也不会再打招呼了。

后来，她开始在我家门口的便利店打工，但在那里，我们也只是“打工的店员VS顾客”的关系，“前任朋友”特有的那种尴尬气氛已经达到了极点。

这样的生活持续了两年。有一天，在 A 社团的一个朋友突然问我要不要跟他一起组建一个乐队。我欣然答应了。其他的乐队成员也都是他招来的，所以我并不知道还有谁，就直接去参加了第一次排练。

到那里我才知道，这个乐队的主唱，竟是我的那位“前任朋友”！真是既惊讶又尴尬。对方应该也感受到了这种尴尬，起初，在排练结束后回家的地铁上，如果只有我们两个人的话，总是会有那种尴尬的沉默。但因为每周都要见一到两次面，随着时间的推移，我们渐渐开始和对方说话，最后，关系变得比刚认识的时候更好了。

我们作为乐队成员的配合也是完美的。因为有的成员要出国留学等原因，这个乐队组建一年左右就解散了。但我觉得，我跟她现在已经是很好的“现任朋友”了。

等她留学回来之后，我还想大家凑在一起热热闹闹地做些事情……不然，我们可能又要回到那种“前任朋友”的状态了。这会让我很难过。

宇多丸　成天在便利店碰面竟然一句话都不说，我都替你们别扭！

不过，有的时候“前任朋友”之间的那种尴尬，可能完全不亚于前任男女朋友之间吧。这个故事让我深刻感受到了这一点。

巧克力

竹荚鱼排准将（男）

高中时代，我沉迷于一款对战类游戏。我身边没什么人玩这款游戏，那个年代也没有线上对战，所以我都是在网上寻找同道中人，然后再召集大家线下聚在一起打游戏。

在这个过程中，我遇到了 N。

我对他的第一印象可以说是非常糟糕。之所以这么说，是因为他在网上总是用一种嗲嗲的可爱小女生的语气，带着某种好感和我交流。但线下聚会那天，当我怀揣不小的期待去集合地点，看到的却是身穿迷彩服，拎着箱型包，酷似 20 岁的比尔·帕克斯顿[1]的男人。"你好，我是'巧克力'（网名）。"听到

1 指威廉·帕克斯顿（William Paxton，1955—2017），美国演员，参演作品如《泰坦尼克号》（*Titanic*，1997）、《真实的谎言》（*True Lies*，1994）、《阿波罗 13 号》（*Apollo 13*，1995）等。

他这样自我介绍，我感到一阵失落，甚至有些恼火。

然而，聊了几句之后发现，我们十分投缘，很快就成了好朋友。那个时候我们基本每周都要见上两次面一起玩耍。

有时候我们一起对战到天亮，有时候一起探讨战略，有时候还因为游戏里的矛盾升级，演变成真正的吵架。在身边的人都说“游戏是小孩子才玩的”并纷纷开始谈恋爱、打工，走向“现充”道路的时候，只有他矢志不渝地和我在游戏中认真对战。

我们相互发誓，直到把这个游戏玩到大师级别为止，无论发生什么我们都要坚持下去！

大三的某一天，N 一脸沉重地找到我，说有事想对我说。

“我好像是性别认同障碍（身体上是男性，但心理上是女性）。”他说，他平时表现出的很爷们儿的言谈举止和迷彩之类的穿衣打扮，都是为了掩盖自己想要成为一个女人的想法而刻意做出来的。他认为自己的种种想法都是异常且不正确的，所以拼命想要把它打消。但实际上，他一直都很渴望能够像一个女孩子一样，穿着可爱的小裙子，在言谈举止上都表现出女性的温柔。

也就是说，网上那个才是真正的他。我虽然有些不知所措，但听到他把自己多年以来的烦忧和苦恼都袒露给我，就对他说："不管你以什么姿态生活下去，我都会支持你的，我们是朋友！"听到我这么说，N 很高兴。

然后，N 学会化妆，戴上假发，作为一名女性，开始了新生活。一开始我是发自内心地支持 N，但慢慢也出现了一些问题。

N 的"女性观"让我很不适应。她变成了那种"在动漫里出现无妨，但在现实生活中这样，有点令人难以忍受"的女性。我也对她指出过几次，但是她不肯接受我的建议，说："讨厌，人家明明都克制了这么久嘛！"

可能是因为作为男人的 N 的样子在我脑海中挥之不去，所以 N 越是追随她自己的内心，对我来说，跟她在一起就变得越痛苦。

大四那年，我因为找工作，以及认识了现在的妻子，基本上没什么时间沉浸在游戏里了。相应地，跟 N 相处的时间也就变少了。

大学刚毕业后的那个冬天，久违地，N 叫我一起去喝酒，我们约在新宿见面。

那件事就发生在那个夜晚。

那天我喝了很多，也醉得不轻。出于对未来的种种不安，跟她吐槽了很多事情。然后，N 突然对我说：

“我喜欢你。”

“啊？”我疑惑地抬起头。那一刹那，N 突然亲了过来。

我目瞪口呆，但 N 继续亲吻。

N 告诉我，今天的她已经完美复制了动漫里我“最想跟她谈恋爱”的那个女生的言谈举止，发型也做成了我喜欢的样子。然后说：

“我之所以能下定决心作为一个女孩子重生，都是因为有你在。你之前对我说过的话，我永远都不会忘。你说：‘如果你是女生，我肯定会娶你。’虽然最近都不怎么一起打游戏了，这让我有些失落，但今后能不能以男朋友的身份跟我见面呢？”

当初，为了庆祝高中毕业，我们两个人第一次去居酒屋，一起喝到了天亮。在回家的路上，N 对我说：“遇到你之后，每一天我都很开心。真的谢谢你。”听到 N 这么说我也很感动，于是我就半开玩笑地说：“我也一样！你要是女生，我肯定会娶你。”然后我们从天色刚刚泛白的新宿街头，互相搂着肩膀走回了家。

这对我来说也是非常珍贵的回忆。但是，对于 N 来说，眼前的景色可能有着完全不同的意义吧。只是，一直支撑她走到今天的那些话，都是我对那个“暂时”的 N 所说的。而现在，这一切都变成了一个谎言。

我对她说："对不起，我没办法这样。而且，我有女朋友，你这样唐突地亲我真的不太合适。"然后转身快步走出了居酒屋。

我无法忍受我和 N 的回忆继续变成谎言。从那一天起，我们再也没有联系过。

N，希望你成为一个幸福的女人。

宇多丸 & 宇垣 唉……（沉默）

宇多丸 ……这真不是谁的错。如果要说的话，就是："希望所有的人都能获得属于自己的幸福！"当然这也是对每一个"前任朋友"故事的主人公说的一句话。

宇垣 希望 N 能找到属于她的幸福……衷心祝福她……祝福她能过上平静的生活。

宇多丸 和 N 相处时的"竹荚鱼排准将"的言谈举止并没有什么不妥，作为朋友相处，作为朋友鼓励和支持，这种想法没有错。你们之间的距离慢慢疏远也是没办法的事情，你没办法回应她的爱，也不是你的错。

宇垣 而且你的一句"我支持你"，也确实给了 N 很大的心理慰藉嘛。

宇多丸 真没想到，当年的一句玩笑话"如果

你是女生，我肯定会娶你”，后来真的有了别样的意义……（叹息）

宇垣　这在异性朋友之间也经常有吧。“如果到了30岁，我未嫁你未娶……”之类的。但这个故事又有点不同……

宇多丸 & 宇垣　是啊……（叹息）

梦境之中

风都的王牌（男·22岁）

曾经，我有一群总是在一起玩的好朋友。从小学的高年级到初中，即使上了不同的高中，我们还总是一起打游戏、做运动，漫无目的地远足，毫无计划地穿着衣服跳进河里……只要跟他们在一起，做任何事情都好玩。

一边和他们度过这样嬉闹的时间，我一边想：我们一定可以成为一辈子的好朋友。我享受当下和他们在一起的快乐，也畅想和他们在一起的未来。

然而，进入高中几个月之后，我遇到了接下来会成为我最亲密的朋友的人。我和他虽然兴趣爱好都不相同，但不知为什么就是很有默契，很聊得来，到现在都是最最最好的朋友。自从遇到他，每当我跟那几个从小一起玩到大的好朋友见面的时候，总会感觉到一种无法描述的别扭。

“明明应该很开心，但其实没那么开心”“我觉得自己和他们是不同世界的人”，等等。我开始对自己和他们的友谊产生了怀疑。

我想了很多，虽然没有删除他们的联系方式，但还是主动退出了和他们在一起的 LINE 群聊，开始刻意和他们保持距离。

从那以后，我和高中认识的好朋友一起度过了很多愉快的时光，也就渐渐地不会再想起小时候的那些玩伴了。不是说我和他们保持了距离之后就再也不见面了。我知道他们的近况，也会聊天。

但是那种别扭的感觉，到现在都没有消失。我开始对把他们称为朋友这件事感到抵触。我不知道他们是怎么想我的。我认为自己找到了真正的朋友，对目前的朋友关系也没有任何的不满。说实话，我也已经不怎么关心他们过得怎么样了。

但是，每天晚上出现在我梦境之中的，不是我现在的朋友，而全都是曾经的那些玩伴。我梦到的情节，全部都是曾经我畅想过的，想要和他们一起创造的未来。

这是不是意味着，其实我还是很想和他们做朋友呢？

宇垣　这个真是不好说啊。

岛尾真帆　你现在还年轻，我觉得你们以后的人生道路可能还会出现很多的交集。

宇垣　小学、初中时期的朋友和高中时期的朋友，差别还是很大的。前者往往只是因为住在同一片地区，所以自然而然地聚在了一起。

矢部太郎　也可能就是因为在班里是前后桌，就这么简单。

岛尾　可能只是因为家住得近，所以成了好友。

宇多丸　我自己也是，一旦搬家，或者上了私立学校，和曾经那些朋友基本上就只有疏远一条路了。还有，有的时候一结识新朋友，就会因为新朋友身上的一些闪光点，不自觉地觉得以前的朋友稍显逊色了。可能突然就会觉得他们说的话都好幼稚……虽然这听起来很残酷。

岛尾　一聊到兴趣爱好之类的，就会发现，高中时期开始在一起的朋友往往更投缘。

宇多丸　每个人都会从“毫无计划地穿着衣服跳进河里”的阶段毕业，然后变成大人，却在梦里继续编织“想要和他们一起创造的未来”……这个故事就像是短篇小说一样，让人心痛啊。

大学六年级

手里的猪（男·90后）

我现在就有一个正逐渐变成“前任朋友”的朋友T。

高中三年，我和T一直在同一个班，同一个社团。我们考上的大学、读的专业以及加入的社团也都一样，来到东京之后借宿的房间也是隔壁。在旁人看来，我们就跟连体婴儿一样形影不离。

在上完大学四年之后，我们两个又手拉手一起留了级。这时我开始焦虑，于是选择肄业，结束了学生生涯，从去年开始回到老家，找了一份还算稳定的工作。

而另一边，T一如既往地不去上课，也不出去打工，日复一日地沉浸在酒精、香烟、游戏和女人里，过着堕落的大学生活。这个春天，他即将迎来宇多丸老师曾经也经历过的大学六年级。

以前，我们在课上见面，在社团里见面，一起走上夜晚的酒吧街，一直喝到天亮还嚷嚷着“不想回家！”，然后在快餐店吃个早点，或者钻进一家一直营业到白天的居酒屋再喝一顿。

无论做什么，两个人在一起的时光总是那么开心。即便我们的关系如此紧密，在我决定退学的那段时间，大概就是一年半之前吧，两个人一起出去喝酒的时候，还是会感受到微妙的别扭。于是在我心里的一个角落，开始产生不想和 T 单独相处的想法。

T 对我好像也有这种别扭的感觉。前几天，我们两个人都参加了社团毕业生的聚餐，以前从不会中途退席的 T，竟然在聚会结束之前就走了。

我认为，这种别扭的感觉是因为我“不想一直做堕落的学生”选择了肄业，而他却正在亲身演绎着这个“堕落的学生”。

我心里很想冲他大吼：“我说！你干吗呢这是！我很担心你啊！”但这种感情却迟迟没有机会表达给他。这种让人干着急的感觉也是促使我们之间产生别扭的另一个原因（最大的原因可能还是我们的关系太好了）。

心里那种模模糊糊的“别扭”，回到老家的我与留在东京的 T 之间的“距离”，会不会就此把我们变成“前任朋友”呢？

宇多丸　太熟悉了。T 现在这个堕落的样子，跟当年的我一模一样，让我读着读着就觉得特别扎心……站在 T 的角度来讲，他可能会觉得："你怎么能抛下我独自去给自己上了保险呢？"当然，真正需要改变的还是 T 自身。

我在读大学六年级的时候，和 T 处于同样的状态。那是我人生中最放荡且暴躁的一段日子。在中餐店点上一份饺子，一个人喝啤酒喝到酩酊大醉，大半夜跑到家附近的神社去叮叮咣咣地摇晃许愿绳上的铃铛，再跑到公园里去荡秋千，然后从秋千上摔下来。

所以我觉得，等 T 的状态稳定下来，两个人都成了成熟稳重的成年人之后，你们的关系也有可能会和好如初。但是，在 T 现在这个阶段，你以"正确论"去教育他，他其实是听不进去的。反过来讲，现在能够保持一段时间的距离，对你们两个人来说，可能都是一件好事呢。

再见，青春之光

BONPEE（男·80后）

我跟S的初识是在大学里。他是社团里比我大一届的学长。在还有大三前辈在的情况下，以大二生的身份就能够担任社团团长的S，是一个长相酷似堂本光一的帅哥。他在一家职场女性向的服装品牌公司里实习，平时喜欢看动漫、打游戏。下班之后总是和平平无奇的我们会合，一起在朋友家留宿，次日一早再去上学。我们基本上每天都在一起活动，他是一个让人完全挑不出毛病的人。

有一次我喝得烂醉，大晚上十一点半打电话让他来接我，他坐电车赶了过来，还让我住在了他的家里。S很优秀，优秀得让人甚至失去了嫉妒他的想法。而出人意料的是，这么优秀的S竟然从高中一直到大三期间都没有女朋友，这让我们一度怀疑他是个Gay。

去山中看荒废的村庄；大家一起自驾去九州环岛旅游；24小时超长待机BBQ……大学时代，以S为中心展开的各种各样的活动，对我们来说都是非常珍贵的回忆。

毕业之后，优秀的S考上了东京大学的研究生。在我步入社会工作了几年之后，有一天，S约我一起去吃饭。他说："我想组建一家公司，跟我一起干吧。"东日本大地震之后，S在大学的NPO组织里开展过一些赈灾支援活动。S想要运用那段时间积累的知识和经验，自己开一家公司。

当时的我正好对自己的工作失去了兴趣，便立即答应了他的邀请。我的思绪已经回到了大学时代，回想起那些有趣的日子，心想又可以重新开始那样可笑又充实的生活，内心充满了期待。

是好也是坏，比学校里的学长学弟关系更让人摆脱不掉的，就是老板和下属的关系。

起初的两年，一到休息日大家就一起出去玩，过得愉快且充实。但是慢慢地，我开始感到他的很多做事方式存在问题。

他是一个很散漫的人。学生时代，他在聚会中迟到是家常便饭。那个时候大家都可以一笑了之，但在公司里面，这可并不好笑。需要他确认的事情总是不确认；明明已经到了出发的时间，他才开始做准备；要拿去申请的东西却忘了申请……

如果这些问题只发生在公司内部还好说，可他和公司外的人约谈的时候也经常这样。我们还曾因为公司的一把手迟迟不到场，不得不一个劲儿地向合作方道歉。

也许公司的业务没什么大的起色也是原因之一吧。

目前，我们四个人（都是同一个大学的朋友）的工资还是可以发出来的，但并不是通过光明正大值得骄傲的赚钱方式。

有时我们也会委婉地向他提出，是不是应该去做一些正当的生意，但他只是说这些钱本就是社会应当还给我们的。我们能理解，他是因为重视我们，所以从各种地方筹集资金，同时也想开展新的业务。但每当这个时候，他都会居高临下地说一些话。

每次看到他的那种傲慢的态度，我的心情就变得很复杂。

现在，我们已经几乎不会在休息日一起出行了。一方面是因为S总是飞来飞去业务繁忙，另一方面我也确实没什么心情去主动邀请他。

并不是说我讨厌这个人了。只是，当时那么耀眼，那么优秀，令人崇拜的S，如今已不再是我心中的那个偶像了。

学生时代如此潇洒帅气的S，已经从我的心中消失不见了。

宇多丸 唉……这基本上就是《再见，青春之光》[1]的故事了。

电影里，主人公一直很崇拜斯汀饰演的很有感召力的前辈，但那个前辈其实也……于是主人公看到了一个残酷的现实。所以说，这可能也是一种很普遍的现象吧。

在学生时代看上去闪闪发光的 S，一旦进入工作中就……这也没有办法去指责谁，所以更令人惋惜。

1 指英国电影《四重人格》(*Quadrophenia*，1979)，弗兰克·罗达姆（Franc Roddam）导演，本片的日文片名是“さらば青春の光”（再见，青春之光）。

长得漂亮的小 U

幸宏的空气架子鼓（女·49 岁）

我有一个初高中时代最要好的朋友小 U。我们两个都是 YMO 的超级粉丝，经常伴着 YMO 的曲子，对着口型跟唱。

即使在同性的我看来小 U 也是一个大美人，追她的男孩子络绎不绝。可能对于小 U 来说，同龄的男生都是幼稚鬼吧，完全不在考虑范围内，所以读高中的时候她都在和大学生谈恋爱。小 U 是那种即便什么都不做，也会吸引男生主动靠近她的、有点妖媚的类型。

高中毕业后，我们进入了不同的大学，但经常一起去蹦迪，直到 20 岁左右都玩得很好。

然而突然有一天，我得知小 U 已经搬出父母那里，开始一个人住了，而且还是在东京中心的高级公寓。

“她还是个学生，怎么能住到这么好的地方去？”

感到疑惑的我经过一番打听之后才知道，小U成了一个比她大很多的男人的情人。这对我来说是个很大的打击。

“他给我买了辆宝马。”

“他出钱让我去考了驾照。”

小U每天都在说那个男人如何为她花钱。当时正是泡沫经济不断膨胀的时代，这也是常有的事情。

如小U般美貌，有很多中年大叔想要包养她也是可以理解的。但是当听到小U说“每个月靠他给我的零花钱生活”的时候，我感到小U已经离我非常遥远了。

“等我毕业了，要比那些男人更努力工作，赚更多的钱，一定要靠自己的本事立足于这个世界！”当时的我还是一个雄赳赳气昂昂的女大学生，正值《男女雇佣机会均等法》施行的年代，我立志做一个独立女性。

“她竟然花着男人给她的钱生活……”

说实话，我的内心有些蔑视这样的小U。从那以后，我和小U就渐渐疏远了。

后来，我听说她成了一个单身母亲，但那时候我已经没有任何渠道可以联系到她了。

毕竟那个年代还没有手机之类的通信工具。

从我找工作、结婚再到后来离开家乡，小 U 身在哪里过着怎样的生活，我一无所知。已经奔向 50 岁的今天，回想起初高中时期和小 U 一起玩闹的时光，真的都是宝贵的回忆。

几乎每天放学都要去的豆沙水果凉粉店，得知《风营法》（有关风俗营业等规制及业务正规化的法律）施行后迪厅只能营业到 0 点时大家一起起哄的场景，每一个画面都深深地印刻在我的脑海之中。

小 U，你现在过得怎么样？你肯定还是一个大美人吧，是不是已经成了一个美妖婆？

宇多丸　当时小 U 可能在心里觉得“我去了很多跟你们混在一起的话一辈子都去不起的高级餐厅，吃了那么多美味的东西，但是你看你们，还在原地踏步……”

驹木根　这就真的没办法了。不过这个故事让人感觉还是挺有年代感的。

宇多丸　1986 年开始实施《男女雇佣机会均等法》……在那之前的 1984 年因为《风营法》的修改，迪厅只能营业到 0 点。然后二十年后的今天，《风营法》再次被修改，夜店等场所在 0 点之后也能继续营业了，这个故事正好出现在这个时候。真是让人感慨颇深。

驹木根　如果哪天还能两个人一起去蹦迪该多好。

宇多丸　虽然无法想象小 U 现在的样子，但是如果被岁月磨砺得都快让人认不出来了的话……

驹木根　那一定让人很痛心。

宇多丸　管她是单身妈妈还是什么，希望她现在还跟当年一样，四处挥洒魔力，同时也充满活力。

驹木根　希望如此吧。

没有你的马场参拜

慢慢粘粘（男·42 岁）

我和岩井第一次说话是在高一，梅雨季节刚刚结束的美术教室。

他是一个形似高仓健的帅哥，而且在初中时代就已经完成了“本垒打”。我还是个处男，而且是个酷爱职业摔跤的宅男。我们之间没有任何的交集。

当时岩井在教室里不耐烦地四处张望。看到这一幕，我下定决心上前跟他搭话。

“岩井，你怎么了？”

“上周我受伤在家休息了一周，今天来交作业，但是我找不着达·芬奇（美术老师的绰号）了！”

“欸！你也请假了啊。我也因为大肠炎休息了一周，所以没交上作业。”

以这段对话为契机，我得知岩井其实也喜欢职业摔跤，而且还是当时人气很高的大仁田厚的团体 FMW 里恶人角色摔跤选手关川哲夫的粉丝。我们两人一拍即合。从此以后，岩井——学校里存在感最高的人和我——学校里存在感最低的人成了好朋友。我们总是在教室的一角展开《东京体育》报纸，热烈讨论有关职业摔跤的各种信息。

从那个时候开始，无论有多忙，我们每年都相约在 1 月 2 日那天一起去看在后乐园大厅举办的全日本职业摔跤的演出（俗称“马场参拜”）。在一起去看演出的路上，我们会聊聊彼此的近况和生活中的琐事。每当这个时候，我都会在心里想：“能够深交一辈子的朋友，应该就是这样的。”

在我们即将迎来第二十个两人一起的马场参拜时，年末，为了约定当天集合的时间和地点，我给岩井打了电话，但他没有接。12 月 29 日、30 日、31 日……马场参拜的日子越来越近，但我还是联系不上岩井。我下定决心给他家里的座机打了电话……

“您好，我是慢慢粘粘。请问岩井在吗？”

岩井的妈妈有些激动，说了句让我意想不到的话。

“慢慢粘粘！你知道岩井现在在哪里吗？”

据说，岩井是在年前最后一天上班的28日失踪的。他妈妈觉得如果是好朋友的话应该会知道些什么，于是就把我当成救命稻草，问我知不知道岩井的去向。

“对不起，我也不知道……”

“是吗……如果你知道了什么消息，请一定联系我。”

接下来，我去了他的公司、他平时住的员工宿舍，以及其他任何他可能会去的地方都找了一圈，可还是没有找到他。

就这样迎来了新的一年，我一个人前往了马场参拜的现场……在摔跤场上，选手们展开了“快乐的、激烈的、令人兴奋的”摔跤表演，但我的心里却是空落落的。本应该在我身边跟我一起呐喊的岩井的位子是空的。我第一次在演出结束前就离开了现场。

1月7日。和前几天一样，我给岩井的家里打了电话。这次他妈妈说了让我惊讶的话。

“岩井他啊，今天早上突然回来了。我让他听电话。”

在电话里，对他明明已经回家了却不联系我的责怪；没能一起去第二十次马场参拜的沮丧；这几天来发生的事情让我感到的不安……这些情绪混杂在一起，让我的思绪变得很混乱。在电话里，我就好像是要把这些情绪一股脑地发泄在他身上一样，一口气跟他说了很多话。

任凭我如何质问“我说岩井！你到底去哪了啊！”，他也只是重复“对不起……”这一句话。我们都沉默了几分钟之后，他小声地说：

“我一看到你就觉得自己很孤独……那种孤独在不停地累积……我很孤独……我很孤独所以……”

然后他挂断了电话。

从那以后，我和他的关系就结束了。当初他为什么突然失踪，我到现在也不知道原因。比我更加“现充”的他，到底对我的哪一点感到了自卑，对我来说也是一个谜。一说到“前任朋友”，我就久违地想起了岩井，想起了自己和他的相遇、相处和离别。

岩井，你还好吗？

宇多丸　岩井在连父母都没有告诉的情况下突然失踪，真是够让人担心的。我觉得这完全不是“慢慢粘粘”你的错。虽然我没有办法草率地下什么结论，但也许岩井当时是出现了一些心理上的问题。真是一个让人难以释怀的故事啊。

暴乱的成人仪式

GAHA（男）

每年到了这个季节（1月），我都会想起小学和初中时代的好朋友克弥。

小时候很流行《口袋妖怪》的游戏，克弥玩这个游戏玩得很好，大家一起聚在家里举办“口袋妖怪大赛”的时候，他总是拿第一名。克弥的性格很好，他会把游戏的诀窍悄悄告诉我，他还很喜欢西武狮（棒球队）。

从小学的高年级开始，大家都进入了发育期，克弥的身高超过了一米六，成了年级里最高的。

大概就是从那个时候开始吧，他傲慢的态度让人感觉不舒服了。

进入初中之后克弥加入了棒球队，因为身高的优势当上了投手，成了队里的王牌队员。而我加入了软式网球队，再加上我们不在一个班，我和克弥也就不怎么来往了。虽然初三那年我们在同一家课外班上课，但我对那段时间没什么印象了，我们似乎也没怎么说过话。就这样，我们进入了不同的高中。

五年后，在成人仪式上，小时候的朋友们又齐聚一堂。

大家都穿着平时穿不惯的西装，在人群里我看到了五年未见的克弥的身影。这时候的克弥顶着一头黄毛，穿着粉色的外褂，跟一群不太正经的人混在一起。

据说他在高中时期“搞了一些事情”，把高中的棒球队逼到了解散的地步。

我的这位“前任朋友”就跟完全变了个人似的，在仪式进行的过程中还试图和他的“伙伴”们一起冲上主席台，但遭到来参加典礼的市议会议员的严厉呵斥，整了一出“成人仪式暴乱未遂事件”。

一个和我不同初中但同一所高中的朋友问我：“那是谁呀？你跟他是同一所初中的吗？”但我脱口而出：“不认识。”

曾经的好朋友，后来在各种意义上都变成了一个很遥远的存在，然后就渐渐疏远了。不过每当我看到有关成人仪式的新闻，这段记忆都会在我的脑海中清晰地浮现。

宇垣 如果是这种疏远的方式，那可能真的很难再修复关系了。

宇多丸 每每看到成人仪式暴乱的新闻就会为此而心痛，说明你真的一往情深啊。一般人看到这种新闻只会皱着眉头说：“你看这孩子多讨厌啊。”不过青春期所在的地区不同，很有可能会让一个孩子就此踏上一条危险的道路。举个极端一点的例子，就像电影《白昼之雨》（吉田惠辅导演，2016）里演的那样，以前特别老实的朋友因为受到了霸凌，精神世界崩塌，性格扭曲，最后完全变成了另一个世界的人。

岛尾 尤其是这种从小学一起玩大的朋友，因为你知道他以前可爱的时候是什么样子的，所以就更加……

宇多丸 想冲上主席台，但被呵斥之后又乖乖退了下来，真是又怂又可爱啊。

岛尾 不过，既然当时他乖乖地下来了，说明他还是一个听话的孩子。说不定现在又变回好孩子了呢？

相约在正骨医院

干支酱（女·45 岁）

45 岁，是一个身体里各个零部件都开始出问题的年龄。

上周，我正准备坐下的那一瞬间，腰间突然一阵剧痛。我把腰给闪了。

我以前倾的姿势，慢慢地、慢慢地挪到了正骨医院。

路上，我碰到了同样以前倾姿势缓慢前进的，许久不见的老同学。

我上前叫住她，得知她也是把腰给闪了，正在前往正骨医院的路上。

我们俩并排躺在了相邻的两张床上，接受医生的按摩治疗。

我们愉快地聊起了往事。

对话之中时不时夹杂了一些：

“呃啊～”

“疼疼疼疼疼！”

这样奇怪的声音，也令人格外开心。

下一次我们约定见面的地方，当然还是正骨医院啦！

宇多丸 这……也是个很美好的故事啊。当然把腰闪了是挺受罪的，但是有些话题也只有在上了年纪之后才能聊，这也是人生的丰富性。

驹木根 正骨医院，这个点还挺不错的。

宇多丸 两个人还可以互相打趣“咱们可真是老了啊”之类的。你有没有过和老朋友重逢的经历？

驹木根 大概是从去年开始吧，我和老家的那帮大学同学一起喝酒的机会又多了起来。我今年35岁了，可能也差不多到了这个年纪了吧。

宇多丸 这个年纪的人，经历过人生的酸甜苦辣之后，开始想要停下脚步，回头去看看自己的人生了。

驹木根 真的是。同龄人的结婚高峰差不多也告一段落了，也开始能够客观冷静地回顾自己与身边的人的关系了，还挺有感触的。

和 M 在一起的我

54 秒整（男·37 岁）

请允许我讲一讲这个叫作 M 的男人。

我们的相遇是在大一的春天。我们两个人都进入了位于八王子的美术大学，读同一个专业。

M 出生于新潟县，以上大学为契机来到东京，开始了独居生活。他给人的感觉有点像中川雅也或者奥田民生，是那种性格很达观洒脱的人。

他能说会道，受女孩子欢迎，而且特别能喝酒。而我，则是一个基本上没有跟女孩子接触过，既不会喝酒，也不擅长与人相处，只顾宅在屋子里完成作品的家伙。我的老家离大学不远，所以我都是从家里走读来上学。

我和 M，在所有的方面，都是正相反的。

这样的两个人为什么会成为好朋友，其实我自己也不太清楚。但不知不觉中，我们就成了能留宿在对方家里的好朋友了。据说，因为我们的关系过于亲密，以至于当时正在和 M 交往的女生一直都认为“他们俩肯定有一腿”。

在 M 家里，有我专用的牙刷和筷子。而且无论是去社团活动还是打工，我们都出双入对，所以那个女生有这种误会也情有可原（我是在 M 之后加入了他所在的社团，而打工的地点是我介绍给 M 的）。

M 在大学入学后不久就搬到女朋友家与她同居了，而我也经常会在那里留宿。现在想想，当时的我是多么厚脸皮啊……

美术大学的学生经常会把自己的作品拿到各种各样的活动上展出。有时会租下一个画廊办个人展，有时也会把作品拿到跳蚤市场之类的地方去卖。

在这些活动的筹备工作中，有一段让我很难忘的回忆。

有一次办展，准备工作让我们忙到了半夜。把完成的作品都打包好，已经是凌晨两点了。作品一共有六个纸箱子那么多，但是我们穷学生又没有钱打车。没办法，只能用 M 上学骑的那辆破旧自行车和学校里的手推车。

我们把所有的纸箱子都绑在手推车上。M 负责骑自行车，我则背对他坐在后座上，抓着堆满纸箱子的手推车的把手，两个人一起往 M 家骑。整个路途大概有四站地的距离，骑车需要将近一个小时。

每当要拐弯的时候，M 都会告诉我他会往哪边拐，给我发出指令。这时候坐在后座的我就要避免手推车翻车，牢牢地按住把手。好几次都差点翻车。因为行李很重，有几次连我也差点从自行车上摔下去。

到达 M 家的时候，两个人都精疲力竭。我感觉自己的胳膊已经肿胀得像是大力水手。

而 M 骑车载着我和那么多行李，从车上下来之后腿都在不停地发抖。明明两个人都累得够呛，可还是觉得很开心。我喜欢 M 这个朋友，也喜欢和 M 在一起时的我自己。

毕业、工作都没有拆散我和 M 这对铁哥们儿。我在心里总觉得，这样的关系，会永远继续下去。

给这样的关系画上休止符的，是 M 在公司里新交往的女朋友。并不是这个女生对我们做了什么。那个女生是 M 在新入职的公司里认识的，他们俩是老乡。

以前 M 交往的女孩子跟我们都是同一个圈子里的人，所以我也不需要过于顾忌什么。但这次这位是我所不熟悉的圈子里的人，所以没办法像以前一样，共享那种属于同一个圈子的节奏和默契。

而且，他们交往后不久就同居了，我也就不怎么去他家里玩了。

后来，他们两人一起回到老家，结了婚。

M 走之后的一段时间，我的心里就好像缺了一块什么似的。

M 把我心中那个“和 M 在一起的我”也带走了。

有段时间，我甚至有点怨恨 M。“老家就那么好吗！”我陷入了一种很粗暴的想法之中。

这种怨恨随着如今我自己结婚成家，也渐渐平息了。因为我渐渐能够体会比我先一步成为丈夫、成为父亲的 M 的心境了。

我和 M 现在大概一年会见一次面。当然有的时候可能因为这样那样的事情没见成……

但是一旦见面，我就会与 M 以及“和 M 在一起的我”一同享受愉快的时光。

致 M：

虽然不知道现在的你是怎么看我的。但我一直都认为，现在也认为，你就是我人生中最棒的兄弟。

等我的孩子出生了，我会带着他去找你玩，让他跟你的儿子一起玩。

回头见。

Y

宇多丸 这位仁兄的写作水平真是绝了啊。骑着自行车运纸箱子的那段，还有那句："M把我心中那个'和M在一起的我'也带走了。"多么细腻又动人的表达啊。

不过，一般能做到这么深交的朋友，也真是不多见。看看我自己，能做到这样的朋友，好像还真没有。能够建立这样一段深厚友谊的"54秒整"，我很羡慕你！

Bromance

微光清兵卫（女·80后）

二十几年前，一进入高中就成为好朋友的S和我，都是现在人们口中的腐女。

那还是一个连“BL”这个词都没有的年代，人们的观念也没有今天这么开放，想要获得周围人的理解，尤其是异性的理解，基本上是不可能的。所以我们总是在不被别人注意的地方，悄悄地发展我们的爱好。

对于拥有共同爱好的我和S来说，那种违背世俗道德的负罪感似乎成了一种兴奋剂，上课的时候想到一些色情的拟声词就会传纸条互相分享，把各自在家画的BL漫画悄悄带到学校来一起欣赏，甚至一起出了一本同人志。我们一起享受着这种只有腐女之间才能相互理解的，隐秘而又频繁的地下活动。

高中毕业之后，S 步入社会，找了一个长得很帅的男朋友，也就是这个时候，我和 S 的关系开始发生变化。

S 很快就和男朋友同居了。她理所当然地结束了所有与 BL 相关的活动，自己出的 BL 书也全都处理掉了。她完全进入了以男朋友为中心的生活。

即便如此，有的时候她也会问我“你最近在画什么呢，给我看看呗 ~”，所以我也会把自己画的同人漫画拿给她看。

然而有一天，像往常一样去 S 家里玩的我，目睹了令人难以相信的一幕。我画的那本 BL 漫画，竟然堂而皇之地摆在了他们两个人的卧室里！

的确，在把漫画拿给 S 的时候我就已经想到了被她男朋友看到的可能性。但无论如何，这些都是我以“不给男人看”为大前提画的漫画。我质问了 S。

而她的回应却漫不经心：“我跟他一起看的。那段情节太搞笑了，简直离谱啊。”

我的心里充满了作品被别人边看边嘲笑的羞耻感，以及对若无其事把漫画拿给别人看的 S 的愤怒。我沉默了。

S 看到我的反应也有些慌张，说道：“我现在有点不明白自己高中的时候为什么那么喜欢 BL 了。现在已经完全无法想象男人跟男人之间发生这种事了。”

当时，还没有恋爱经历的我，为了让气氛缓和一些，说了句“原来跟男朋友交往就会变成这样啊”。这句话更像是为了说服我自己，但事实上从那天开始，我感觉我们之间多了一堵透明的墙。

之后，我和 S 也会一起去唱歌，我也参加了她的婚礼，但是那堵透明的墙的颜色似乎越来越深，我甚至有点看不清楚她的样子了。所以后来也就不再主动联系她了。

当然，她联系我的次数也越来越少，就在不知不觉中，我们已经变成了名副其实的“前任朋友”。

在此后很长一段时间里，我亲眼见证了几个女孩子有了男朋友之后的巨大变化。有的一跟男朋友在一起就学会了抽烟，有的就连兴趣爱好都发生了颠覆性的改变。我也慢慢地看开了一些，觉得 S 当初不过是经历了这种变化而已。现在，偶尔想起她的时候，高中时代那些开心的过往和工作之后两个人产生隔阂的记忆就会同时浮现。

而我呢，虽然之后也谈过几次恋爱，但 BL 依旧是我的心头大爱！

哎，Bromance 真是好啊！

宇多丸 “微光清兵卫”，能如此坚定初心的你也很伟大啊。

宇垣 真好！真好！

宇多丸 不过这个故事确实也挺扎心的。

宇垣 每个人可能都会经历兴趣爱好的转变，但我也觉得，无论是谁都不应该去取笑别人喜欢的事情。

宇多丸 这种事情在男生身上也经常发生。比如，一开始一群傻小子打打闹闹玩得很好，但当其中一部分人有了女朋友而另一部分人还是处男的时候，有女朋友的人就开始用一种俯视的眼光去嘲笑另外那些人，觉得“你们怎么还在原地转悠呢”。不过话说回来，能有一个一直保持热爱的事物，真的很不容易，是一件很值得骄傲的事啊！

宇垣 我也觉得！

“小饭桌”的老师

蕨菜（男·90后）

这是一个关于我小学时期的“小饭桌”老师的故事。

她是一名年轻的女老师，对我很好。即便我去摸她的胸，她也不对我发火，而是告诉我“不可以这样对待别人”。

当时的我不太懂事，总出去惹事。但老师总是为我着想，耐心地陪着我。

虽然做事比较慢，但很仔细很用心，很喜欢读书，等等——老师总能发现我的优点，然后表扬我。

我很喜欢这个老师，但后来她因为要结婚搬家，辞去了这份工作。她临走前，我找她要了新家的地址，我们还通过写信保持了一段时间的联系。

但是难免的，我们在不知不觉中也变得疏远了。

现在，每当我在“小饭桌”打工，都会想起那个老师。

我虽然才刚 20 多岁，但也算走过了一些人生的弯路。直到现在，我还偶尔会想起老师当初跟我说的话，那些话都内化成了我的勇气，在关键时刻激励着我。

高桥芳朗　很喜欢“小饭桌”老师的少年，长大后也成了一名“小饭桌”的老师。多么感人的故事啊……除了你摸老师的胸这件事之外。

宇多丸　我在“小饭桌”的时候也闹着要摸年轻女老师的胸来着。我还记得她超级为难的样子。还有一次，我不顾老师的制止，大声放着 Finger 5 的唱片，把老师给惹哭了。跟我的那些烦人事迹比起来，这完全就是一个温馨感人的故事嘛！

夜校里的小混混

北海道的蜜蜂（男·70后）

二十五年前，我在东京都新宿区的一所大学上学。

当时，我是这所大学的夜校学生。白天，我作为一名劳务派遣员工在公司上班，晚上下班后，从六点到九点半在学校上课。下了课之后一直到最后一班电车的时间，都在社团参加活动。这样的生活，我坚持了四年。

在这样高强度的生活里，我最大的期待就是每天的社团活动。我加入了话剧社团，话剧是我从高中时代起一直坚持做的事情。

夜校的课程比较紧张，很少有夜校生在下课之后还有余力去参加社团活动。当我上到大二的时候，前辈也退出了，整个社团就剩我一个人，孤零零的。

在春天的迎新活动中，有三个人来报名我们社团——从大阪来的小混混 N，从町田来的小混混 I，还有白天在公司上班的、长得特别漂亮的 T 子。

来夜校上学的学生年龄跨度很大，他们三个人的年纪都比我大，N 和 I 还都是有前科的。和全日制的学校不同，夜校里可以见到各式各样的人。

据说，N 和 I 在来到这里之前，都在各自的势力范围里“大放异彩”，做了很多过分的事。每次社团结束后一起去喝酒，他们要么在吉祥寺附近大打出手，要么就去做一些触碰法律边缘的事被警察追赶，导致和他们一起行动的我，也过上了很不寻常的生活。

在北海道的乡下长大的我，没有任何不良履历。对于这样的我来说，这种日常未免过于刺激了。虽然不好声张，但我们确实做过一些麻烦警察叔叔的事情。事后如果笨手笨脚的我不幸被抓，那他们也会回来陪我一起被抓，然后护着我说：“他只是被我们强迫的，你要抓就抓我们，放了他。”

虽然我比他们年纪小，但 N 和 I 一直都管我叫“部长”，很是给我面子。

他们会一边喝酒一边很激动地对我说：“部长，你的眼睛真漂亮，你要坚持在演戏这条路上走下去啊！”就像那种我只在《少年 Jump》里面见到过的，不良少年漫画里的热血人物一样。

结果，大概半年之后，N 和 I 因为争夺 T 子，都退出了社团。我又变回孤零零的一个人。后来，我也不知道他们是否顺利拿到了夜校的毕业证。

他们走了之后，也不知道为什么，很多年轻的普通学生加入了话剧社团，这个社团也有了活力，我自己倒是因此度过了非常充实的夜校生活。

夜校毕业已经是很久以前的事了。我回到老家北海道，当了公务员，但私下里并没有丢掉当年的梦想，还继续在地方剧团演话剧。

二十五年后的今天，和他们一起度过的那些不寻常的日子，时不时还会浮现在我的脑海中。一想起这些，当时胡闹挨打流血时的那种铁锈味就会伴着一种酸楚涌向我。你们过得还好吗？还活着吗？

这就是我的“前任朋友”的故事。

宇多丸　毕竟都已经给警察叔叔添麻烦了，应该也不只有美好的回忆吧……不过，被这种调皮的家伙说

“部长，你的眼睛真漂亮”，肯定是一件很浪漫的事情。包括最后 N 和 I 要抢 T 子这个结局在内，这真是一个令人难忘的故事。

Soncai的鸡蛋拉面

什锦面山（男）

那是我大学期间在上海留学时候的事情。

我住在当地的大学生宿舍。和我一起住在两人间宿舍的室友是一个50多岁的泰国人，名字叫Soncai。

一见面，Soncai就给我递了一张他的名片。他在泰国经营一家公司，为了在中国拓展业务，来中国学习汉语。在我们刚认识的那段时间里，我们的中文都还磕磕巴巴，只能用零零星星的英文交流。他是个很认真的人，每天早晨五点半左右就起床，坐到书桌前，一个人默默地练习写汉字。

“为什么笔画顺序那么重要！”我清楚地记得Soncai这样问我。我第一次意识到，不是生活在汉字圈的人，可能真的很难理解吧。

Soncai的中文越来越好，受他影响，我也渐渐会说一些了。

不知不觉中，我们用中文交流也变得流畅多了。比起朋友，他对我更像是一个父亲对孩子，我也像敬重父辈一样敬重他。

Soncai 把家人留在了泰国，所以有时候他会一边看着电视一边流泪，问我："什锦面，你见不到家人会感到孤独吗？我很孤独，我很想我的家人。"

有一天，Soncai 用在市场里买的食材给我做了一顿饭。我不知道那是不是泰国菜，但我记得是在方便面里面加了一个生鸡蛋。

然而，我对当时中国的卫生观念还抱有很大的疑问，直觉认为，直接吃生鸡蛋估计会有严重后果。最终，我以乱七八糟的理由搪塞过去，没有碰那道菜。现在想想有些后悔，当时不应该那样做。

作为室友，我们相处了半年多，后来我先回了日本。

再后来，我从大学毕业后找到了工作，在不完全适应社会节奏的生活中，兵荒马乱地度过了两三年。有一天，我突然在自己的房间里找到了 Soncai 的名片。

"我给他写封信吧。"

我在信中讲述了自己的近况，想要告诉他我也步入了社会，所以放了一张名片进去。

一如既往地，工作中有很多的不如意，日子也过得很快。

在我已经快要忘记自己给 Soncai 写过信的时候，有一天，我拜访完客户回到公司，办公室的女同事告诉我："今天接到了一通很奇怪的电话。"

"是什么内容？"

"那个人说的好像是英语吧，听不太明白，但好像一直在说什么'什锦面、什锦面'之类的，你知道是怎么回事吗？"

啊！莫不是 Soncai！我几乎确信，应该是 Soncai 看到我的名片之后给我打来了电话。我特别高兴。没想到他还特地给公司打了电话！

我决定再给 Soncai 写一封信，告诉他我工作的情况、正准备结婚的事，以及蜜月旅行想去泰国玩……想要跟 Soncai 说的事情一件接一件浮现在我的脑海中。

但是，这封信我并没有寄出去。因为我把 Soncai 给我的那张名片弄丢了。

那之后，直到今天我也再没有收到过来自 Soncai 的电话或者书信。

现在，我还会时不时地想起 Soncai。

如今我也结了婚，有了自己的孩子。现在想想，当初把家人留在祖国，只身一人远赴海外求学的 Soncai，一定是下了很大的决心。

Soncai，你还好吗？

鸡蛋拉面，如果是现在的话，我会吃的……吧。

宇多丸 在各种各样疏远的关系里面，这是少有的“双方都想要联系对方，但由于物理上的原因不能实现”的情况。

看到电话打到公司这个情节我想到的是电影《犬猿》（吉田惠辅导演，2018）里面，虽然打来电话，但接到电话的公司同事听不懂英语的桥段。这个剧情让我一直都很想吐槽：“你为什么就不问问对方的联系方式呢？！”不过，如果是在今天的话，也许社交软件能帮我们实现吧。

高桥 前提是你得知道对方的名字怎么写。

宇多丸 说不定泰国有很多的 Soncai 呢，就像“拓也”似的。

高桥 为什么是拓也？

宇多丸 即便就这样再也联系不到，但人生中有过这样一段经历，有过这样的回忆，也挺好的了。

DJ FUKUTAKE 并不是彼此讨厌了。这既是好事，也让人遗憾。

宇多丸　不过 Soncai 当时不是突然打来电话的嘛，也许不是什么好消息呢。有可能是“我终于找到你了！你借我点钱吧！”之类的。

高桥　你为什么总要说这样的话啊？

三人行

骨川（男·90后）

我有两个从小学三年级起一直关系很好的朋友——总是很温柔的男生O和假小子性格的女生Y（现在想想，不禁感慨，好像真的就是《穿越时空的少女》里面的人物关系呀）。

我们三个成为好朋友的契机是因为放学后会去同一个“小饭桌”。每天放学我们都一起在操场上玩，然后再去某个人的家里打打游戏，或者去河边闲逛。有一次还因为在河边发现了一本小黄书而兴奋了半天。三个人一起骑一个小时的自行车去新开的电影院看漫画改编的电影《功夫棒球》，可谁也没看懂剧情，光剩下大眼瞪小眼。在夏天的暮色中，在小卖部和他们一起打打闹闹的场景，直到现在都鲜明地刻在我的脑海之中。那时候的我想：“如果这样的日子能一直持续下去该多好啊。”

上了初中之后，我们三个被分到了不同的班级。大概是从那时候开始，我们的关系就慢慢疏远了，我们不再三个人一起出去玩。O 和同班男生的关系很好，成了在学校里最有存在感的小团体“F.U.R.Y.O- 不良少年 -”的一员。

而我，从那个时候开始逐渐意识到了自己其实是喜欢男生的，所以对我来说，比起与不良少年们混在一起后变得越来越有男人味的 O，和女性朋友 Y 在一起更让我感到舒心。

我和 Y 经常一起讨论：“O 真是变了啊。以前那么好的孩子，没想到加入了那群不良少年……”无论是在学校里还是周末，O 都逐渐疏远了我们，总是跟不良少年们一起玩，我和 Y 也就经常两个人一起玩。

我和 O 从小学开始就一直在同一个补习班上课，但这个时候也开始刻意回避跟对方单独相处了。我们都对彼此的做法感到有些恼火。一天，在补习班的停车场碰见 O 的时候，我终于鼓起勇气上前对他说出了心中的想法：

“你干吗总是跟那些不良少年在一起啊！你回来跟我和 Y，咱们三个人一起玩啊！”

O 回应道：“你不是正在和 Y 交往吗？我告诉你，我也喜欢 Y。我一直特别羡慕你跟 Y 在一起，也特别不爽。所以我不可能再回去找你们了。我不想看见你们。”

我反驳道："我们没有在一起！不是你想的那样！不是那样……"

一阵沉默之后，我们各自骑上自行车，往相反的方向走了。从那天开始，一直到初中毕业的三年时间里，我没有再和 O 说过一句话。

进入高中之后，O 和我之间的误会通过 Y 的解释化解了，我们三个又会偶尔聚在一起了。但是可以明显感觉到，每个人的想法都和以前不同了，所以不会再像以前一样说一些无聊的笑话，或者袒露自己的内心了。

后来，O 和 Y 在一起了。我衷心为他们感到高兴。

现在，我们都已经步入社会，我们的关系也变成了社交软件上的点赞之交。但我还是希望，有一天三个人可以再聚到一起，互相说着那些没有意义的屁话。

最后，致高一的时候把"RHYMESTER 宇多丸的 Weekend Shuffle"节目推荐给我的"前任朋友"O：

"我当时喜欢的不是 Y，是你！你怎么那么爱管闲事！虽然我不打算跟你出柜，但我一直都会把你看作最好的朋友。有空我们三个再去看一次《功夫棒球》吧，然后继续大眼瞪小眼！

加油！当个出色的美容师！”

宇多丸　哇……（叹息）最后一击绝了。这文章的结构，这讲故事的技巧。一直抻着抻着，最后来个致命一击。佩服佩服。

哎呀……（回味中）

无法交融的人

Dempsey roll Pan（男·30 岁）

那个和我疏远的朋友叫“小真”。我和他是在高中二年级熟识的。

中考失利没考上第一志愿校的我，无奈进了一所男校。自从那天开始，我的整个生活都蒙上了一层灰色。是他，给我的生活注入了一点色彩。

性格内向的我，加入了地理社团，对音乐没有什么兴趣。是他，教给了我音乐的乐趣。又土又落伍的我，手里只有一张 TUBE 乐队的 CD。是他，让我知道了 Radiohead。他的所作所为可以说影响了我整个人格的形成。虽然不想这么说，但我在心里很骄傲地认为，我和小真就是真正的好哥们儿。

直到高中毕业，我们的关系都没有变。我考上了家乡的一所大学，酷爱吉他的他进入了家乡的一所音乐学校。虽然我们的人生方向不同，但只要一有时间就凑在一起聊一些没有营养的屁话，一起度过无聊又开心的时光。这样的生活持续了很长时间。

就这样过去了两年，小真从音乐学校毕业之后变成了无业游民。我刚好要升入大三，在一个偶然的契机下，我们开始合租一套公寓（3LDK）。他是为了节省租金，而我是因为感觉跟父母住在一起有些局促，所以很爽快地就答应了他合租的提议。

开始合租之后大概一年的时间，我认为那可以说是我和小真之间的蜜月期。一开始因为没有洗衣机，我们试着拿搓衣板手洗衣服。我们两个人唯一会做的一道菜就是咖喱饭，于是每次都做出大量的咖喱饭，然后一连吃上好几天。夏天，放了两天的咖喱饭锅，如同《风之谷》里的腐海。这也是一段很珍贵的回忆。

“咖喱在散发午后的孢子”，两个人笑成一团。当电饭煲里长出七彩霉菌的时候，两个人也一起捧腹大笑。现在回想起来，真是如同做梦一般快乐而祥和的时光。

然而，愉快的时间总是不能持久。随着我们同居的时间越来越长，两个人在价值观上的不一致也就越来越明显。

有时候会忘记冲大便的小真。目睹了这一切而忍不住怒吼

“你这是搞恐怖袭击吗？”的我。

在打工的地方和别人的太太发生了肉体关系后，还把人带回我们家的小真。对此焦躁不安，并发问“这位太太，现在已经下午六点了，您那7岁的女儿一个人在家没问题吗？”的我。

最后，被人家的丈夫发现，被索要一大笔精神损失费的小真。抱头悔恨“当初我就说！”的我。

在支付这笔巨款的过程中，加入了传销组织，并把整箱整箱的洗面奶和化妆品等搬进房间的小真。最后把魔爪伸向我，试图拉我入伙的小真。坚决拒绝的我。

成了传销组织据点的公寓。越来越待不下去的我。

在这样那样别扭的状态持续了一段时间之后，我以大学毕业为契机，解除了和小真的合租关系。

虽然也不是我们的关系变得不好了，但是彼此都在心里隐隐约约觉得“哎，我们果然不是一种人啊”。在这样的内心感受下，我们离开了彼此。

六年后的我已是一名公司职员，在社会上摸爬滚打多时。这六年我一直住在老家，大年三十这天，手机突然响了起来。

屏幕显示：小真。解除合租关系之后的六年里，我们没有联系过一次。

我按下接听键，电话那头传来声音：“好久不见！一起去年初参拜呀！”我心想，时隔六年的第一通电话就这么直接吗？不过喜悦和害羞的心情交织在一起的我，只是故作镇定地回了一句：“我当然没有理由拒绝了。”

时隔六年再见到的小真，跟六年前比，一点没变。我们聊了聊彼此的近况，得知对方都还没有结婚。除此之外还说了些什么，我已经不记得了。以前我跟小真在一起的时候，也总是说一些无关紧要的屁话。

我们都住在小城市。那天我们去的神社，估计在周边区域内是人流量最大的。为了年初的第一次参拜，我们排到了冗长的队伍后面，一边排队一边互相汇报近况。

在聊天的过程中，小真对我说：“那个时候真是对不起，是我不对。”我不知道他的道歉是针对忘了冲大便的事，还是跟别人太太的事，还是搞传销的事。我能想到的事有很多，但是为了掩盖内心的害羞，只是说了一句：“都是过去的事了，我已经忘了。”

然而，是我过早地放下了防备。在大年三十夜晚的寒风中，在望不到头的队列里，小真竟然对我说：“我们去抽根烟吧。”虽然神社里面也有吸烟区，但如果过去抽烟，意味着刚才排的那么长时间都付之东流了。况且，我也不抽烟。

但是小真不等我的回应，就擅自从队列里走了出去。看着他远去的背影，我一下子领悟了。“是啊，我和你，也许就是无法交融的两类人吧。”等小真抽烟回来，我们又一起排到了队列的末尾。

即便发生了这样的事，每年到了大年三十，我们也都会彼此联络一下，感叹“又过去了一年”。我想，这大概就是我和小真之间的距离吧。

尽管这样，我和他共同度过的那段美好时光，仍旧是绝不可能被替代的，我的青春的重要组成部分。

借这个机会，我想对他说：“小真，借给你的钱我已经不记得啦。我还是一如既往地喜欢你，也把你当作最好的朋友。”

宇多丸 即便还会见面，但“Dempsey roll Pan”已经无法再像以前那样天真地面对他了。

驹木根 我很能理解啊。虽然还是会定期见面，但两个人之间的感觉已经完全变了。以前我也有个朋友加入了传销组织，还试图拉我入伙来着。

宇多丸 我也有。感觉很失望啊。就会觉得，哦，原来你把我当成捞钱的对象啊。

驹木根 那种东西真的是“前任朋友”制造机。

宇多丸 真的是！

驹木根　那种传销啊、传教啊之类的东西，也许当事人真的没有恶意，但是从破坏别人友谊这一点上来看，搞这种事情的组织就是罪大恶极。

宇多丸　没错！不过话说回来，就是在那个平静的大年三十的晚上，当“Dempsey roll Pan”看到小真那个背影的时候，突然领悟到一切都回不去了。

驹木根　这里真是……如果是优秀的电影导演，应该会把这个情节打造成一个很高级的剧终镜头吧。

小卖部模型

后藤（女）

这是关于我小学时代的“前任朋友”T 的故事。

我和他是发小，幼儿园时就在一起玩了。

从小学四年级到六年级的那三年里，我们两个总是比拼考试的分数。想要赢过优秀的 T，我就必须拿到 100 分。我所擅长的物理和化学总是碾压他，但是在他拿手的数学上，我每次都一败涂地。于是比赛的胜负就只能交给语文、历史和地理……每次考试都重复着这样的较量。

由于在学习上的比拼总是分不出个胜负，因此比赛的范围逐渐扩大到了体育、音乐和美术。在体育方面，身处少年篮球队的他占绝对优势，而从小学习钢琴的我在音乐的成绩上妥妥胜出。所以比赛的最终结果取决于美术的成绩。

然而，不料，T 竟然是个会画画的男人！

虽然我也比较擅长做手工，但风景写生和临摹之类的绘画水平，他要甩出我好几条街。班里的同学经常找他把皮卡丘呀、喷火龙之类的卡通形象画在各种地方。每当这时，T 被很多同学簇拥着，看上去闪闪发光。

我深刻意识到在绘画方面没有反超的余地，于是把精力放在以构图为重的海报作品上。我除了在海报比赛上拿了奖之外，平时也会主动参与板报的绘制，凸显自己在采访方面的特长，以此来维持尊严。

就在这时，我迎来了对于我来说决定性的败北。

六年级的冬天，在美术课上，老师给出了制作一个露天商店模型的题目。我心想，在视觉上最出效果的肯定是“面具摊”，于是我花了几周时间，用心完成了我的作品。

正在我沾沾自喜于自己作品的完成度的时候，T 举手说：“老师，我可以把作品带回家完成吗？”……在家完成？这家伙想干什么……

在这种忐忑和不解中迎来的提交日，T 那家伙竟然抱着一整个小卖部的模型出现在教室。

那不是一个露天商店，而是一整栋房子！

整个模型的制作都非常精良，小小的货架上摆满了米饼和糖果，木头的古朴质感就像是真的一样……

“太厉害了！做得也太好了吧！这些零食也都是你做的吗？”

“是啊，做的过程特别开心。我也发现了，自己特别喜欢干这种细致的活儿。”

“这个电池是干吗的呀……哇！还能亮灯呢！”

这时，比起输给他的不甘心，那种单纯觉得他很厉害的情绪占据了我的内心。我对着他的小小小卖部端详了好久。

后来，我们两个人的较量一直持续到毕业。当我拿着同学录让 T 给我写寄语的时候，他铿锵有力地在上面写了一句：“上了初中也要赢你！”

因为大部分同学都会继续在原本的片区上公立初中，所以我以为上了初中之后我们两个的较量还会继续下去，我们永远都是最好的对手……但这只是我以为。

毕业典礼之后，我妈妈跟我说：“听说小 T 啊，4 月份就要去挺远的地方上初中了。”

“为什么！你要走了，那个寄语又算什么！”

我的脑子很乱。据我妈妈说，是因为 T 的姐姐在学校遭到了很严重的霸凌，最后他们家决定由 T 的妈妈带着他和姐姐搬到别的地方去生活。

虽然长得很漂亮的 T 的姐姐被同学霸凌这件事也让我非常

震惊，但更让我伤心的是，这么重要的事情，T 竟然没有亲口告诉我。所以，我已经不记得我们有没有好好道别了。

我想，大概是没有吧。

我还记得，上了初中之后我给他写了信，他也很快给我回信了。在信中我得知，那所学校没有他擅长的篮球的社团，于是他加入了软式网球社团。他已经交到了新的朋友……那封信以他轻快的文风结尾。但就在这封信之后，我们之间的来往就彻底断掉了。

我也想过要再次写信给他。但是那时候的我也面临着初中生活中的种种压力——一直以来都是假小子性格，喜欢和男生一起的我，突然被要求穿上凸显女人味的制服裙子，又迎来青春期的发育，还要处理那些初中特有的复杂的人际关系，我也就几乎没有精力去考虑 T 的状况了。

刚一入学，我就被同年级几个不良少女样子的女生叫到体育馆后院恐吓："你丫拽什么拽。"也有过被全班所有同学一起排挤的经历。

现在想想，也许当初我应该把自己的苦恼跟 T 说说。

而且，我也想知道 T 过得怎么样。但是，因为我们是对手，所以我觉得不能把自己软弱的一面展现给他。就因为这样的自我束缚，我们的关系变得疏远了。

不好意思，拖拖拉拉写了这么多。

后来 T 过得如何，我就完全不知道了。

也有可能是受到 T 的影响，我现在正在从事造物的工作。

我还记得，当年他做的那个小小小卖部，真的很漂亮。

宇多丸　这最后一句颇有余韵！

高桥　最后一幕小小小卖部的样子浮现在脑海中，然后全剧终。

古川耕　小学生就已经达到了这么高的水平，也太可怕了吧！

宇多丸　有点《青春年少》（*Rushmore*，韦斯·安德森导演，1998）的感觉。

高桥　这两个人估计完全碾压别的小朋友了吧。

古川　两人到最后都是对手关系，这一点也很好啊。

高桥　是啊。最终也没有发展成恋爱关系。

宇多丸　虽然没有发展到那一步，但是大家都长大了嘛，以后也不是没有可能……还有就是小学、初中时代的那种奇妙的人际关系，如果不跟大家保持一致就要遭到排挤……真是太要命了。

古川　而且你没地方可以躲。只能像 T 的姐姐一样，最后不得已选择转学。

宇多丸　我觉得啊，初中这种形式，是不是可以取消了啊。

古川　你这也太极端了吧。

宇多丸　取消初中，然后从高中开始。

古川　中间那三年怎么办?

宇多丸　三年的自由！虽然肯定不会有什么好结果……我猜，T 现在应该已经成为一个了不起的人物了吧。

高桥　既然“后藤”也在从事造物的工作，说不定哪天两个人就在某个地方又相遇了。

乌克里 P

原乌克里 P 混音师大川（男·46 岁）

虽然有可能不会被认定为“前任朋友”，但我初中、高中一直和宇多丸老师同窗。

最近，我和另一位同窗——旗之台的牙科医生交谈过一次，宇多丸老师也出现在我们的对话之中。虽然您已经名声大噪，成了离我们很遥远的存在，也不知道这段内容和栏目的主旨是否相符，但作为您忠实的听众之一，我仍想斗胆投一次稿。

也许是因为在音乐上的品位相投。我记得上学的时候，在某一节体育课上，我和您一起在操场上一边并肩跑圈，一边讨论那一周的音乐节目：在 Poppers MTV 上布莱恩·费瑞（Bryan Ferry）如何如何。

那段时间，我还跟您互借磁带（MUTE BEAT 等）来听，也会围绕当时特别火的核能发电问题进行一番热议。

如果说有哪些后悔的事情，就是Run-D.M.C.第一次来日本公演的时候，您明明特意给我家打电话来邀请我一同前往，但我以准备期中考试这样极其不重要的事情为由拒绝了您。

如今回想起来，自己错失了一次和大明星宇多丸老师一同去观看演唱会的绝好机会，真是懊悔不已。虽然我感觉从那个时候开始我们之间有了距离，但如果您根本不认为我是您的朋友的话，这一切也只不过是我的自作多情罢了……

我还记得，自己当年在宇多丸老师的毕业寄语栏里写过“这个人一定会干出一番大事”。如今，我的这个预想果然完美成真了。

深知您日理万机，但如若能拨冗给我一个与您共饮的机会，我将倍感荣幸。

宇多丸 我说大川，求你别用这种语气说话了好吗！

大川的笔名“原乌克里P混音师大川”里的“乌克里P”指的就是我和RHYMESTER的初期成员Dr.LOOPER（本名藤田飞鸟）他们一起组建的乐队。还出了《恋爱的BONCHISEET》（The BONCHI,

1981）。虽然也是有过各种纷争的乐队，但是大川你也很懂音乐，当了我们的混音师。

刚刚在读这封来信的时候，咱们两个在体育课上一边跑圈一边闲聊的场景一下子就出现在我脑海里了……等我联系你啊！

小混混和他的女朋友与我

KORO（男）

刚刚进入高中的时候，我没有什么朋友。我是个宅男气很重的人，性格很内向。在初中受到霸凌的我，高中选择了一所初中同学都不会去的、很远的学校。

而这样的我却华丽地实现了高中出道！……是不可能的。坐在我后面的是个上课永远都在睡觉的家伙，而在我前面的是个金毛的小混混。

我认为，按照学号（依照姓名的五十音图顺序排列而成）安排座次的行为，完全无视了学生与学生之间的好恶，可以说是灭绝人性，剥夺人权！按照这样的座次表我怎么可能交得到朋友啊！

在学校里，度过了一个月独自狂看动画片和特摄片 DVD 的日子后：

“是响鬼吧？你也喜欢啊？”

坐在我前面的金毛混混忽然对我说。

现在想想，确实有点幼稚。当时的我，虽然已经上了高中，但还是很喜欢假面骑士，所以挂着当时正在播的《假面骑士响鬼》的钥匙链。从这一天开始，我和坐在我前面的金毛小混混 F 成了好朋友。

那是我第一次端详 F 的脸。他长得很端正，即使从我这个男生的审美来看，也会觉得“好帅啊”。

“是，是啊……我喜欢假面骑士。你也是吗？”

一聊天才发现，F 很喜欢假面骑士和高达。从那以后，我、F、F 的女朋友三个人每天都在 F 的家里一起玩。基本上就是我和 F 两个人组装高达的模型，F 的女朋友在一旁观看。

F 的女朋友对我也很好。从他们两个对待我的方式上来看，与其说我是他们的朋友，不如说我更像是他们的宠物（在很宠我这一点上）。

季节从春天走到了夏天。

“我得打工去。这个夏天估计没什么时间一起玩了，等暑假结束之后吧！”暑假开始前的返校日，F 笑着说。他的女朋友也一边摸着我的头一边说：“下学期见！”而这，是我最后一次见到 F 和他的女朋友。

暑假结束后，过了一天，两天，一周，一个月。我前面的座位始终空着。

这段时间里，各种各样的流言满天飞。有人说：“F 把女朋友的肚子给搞大了，所以两个人都退学了。”还有人说：“F 想当个美容师，所以退学了。”不靠谱的传闻从未间断。

我曾经也走到过 F 家的附近，但总觉得跟他见面有点尴尬，所以一直都没有勇气去按下他家的门铃。因为害怕尴尬，我也没有给他发短信，任由这个人在我的记忆中风化掉了。

时间飞逝，十几年过去了。年底大扫除，我在整理假面骑士的钥匙链的时候，在玩具箱里发现了那个让我和 F 成为朋友的钥匙链。我完全不知道 F 现在在哪里干什么，只是看着这个钥匙链，就忍不住责怪自己：“如果当初你有勇气按下他家的门铃，你们之间的友谊也许就不会结束。”

我回忆着和 F 还有他的女朋友一起度过的美好时光，在心里默默祝愿他和她都能够过得幸福。

宇多丸 F 和他的女朋友还有“KORO”，你们三个人的这种相处方式倒是让我觉得很新鲜。

宇垣 能和一对情侣玩得这么好，一定是因为你跟他们之间太有默契了。

宇多丸 明明关系那么好，他却不辞而别，也不知道是发生了什么事。是不是当初如果你去他家里找他，或是发了短信的话，就能知道真相了呢?

宇垣 如果他的回答是:“我要去东京当一名歌手!”那就好笑了。

宇多丸 可能对于F来说，也有点不好主动联系“KORO”吧。不过，就像最后写到的，无论发生什么事情，都希望F和他的女朋友能够过得幸福。就算F真的让女朋友怀孕了，时过境迁，他们如果带着孩子来到你的面前说:“我们的孩子已经长这么大了!”也是一个很好的结局呀。

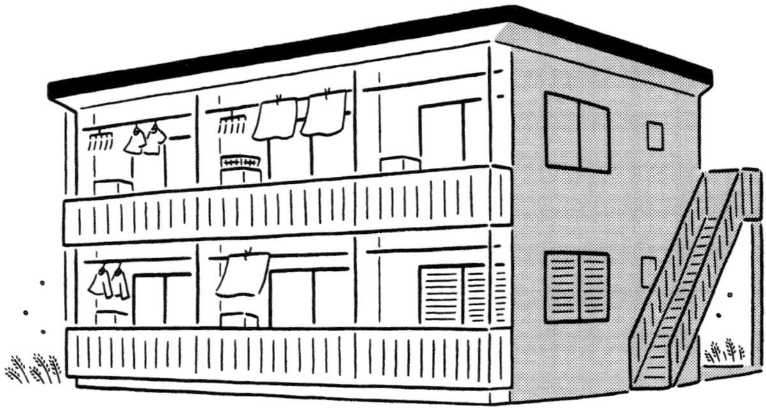

职业出道的 H

Young Isaac（男·49 岁）

小学三年级的时候，因为座位离得近，我结识了 H。从喜欢看的电视节目到读的书、听的音乐等，我们在很多方面都一拍即合，很快就成了好朋友。

我们都是从创刊号就开始读《KOROKORO Comic》的忠实读者，在第一代高达火起来之前就一起去买过模型。我们还会一起听外国音乐，关系可以说是非常好。我记得我第一次去电影院看电影，就是和 H 一起去的。

进入初中之后，我们没有被分在同一个班，但是我和 H 一如既往可以在兴趣爱好方面聊得很投缘，我们对彼此来说都是一个很好的刺激。我们经常谈论“MTV”和“Best Hit USA”之类的节目和外国音乐的话题。H 是个性格很温和的人，无论是对欺负人的坏孩子还是总被欺负的孩子，都能够保持同样平和的态度。他不属于任何一个小团体，悠然自得地过着自己的生活。我虽然是他的朋友，但也很尊敬他。

然而就像其他很多好朋友之间都会经历的那样，初中毕业后进入不同高中的我和 H，虽然以前关系很好，但还是渐渐变得不再往来，关系就这样疏远了。

大学毕业后，我跟其他很多人一样找工作、入职，作为一名小职员在东京打拼。在我步入社会七八年的时候，我听说 H 成了一名职业的音乐人。

没过多久，我老家打电话来跟我说："H 的妈妈给咱们送 CD 来了。"我不紧不慢地回家取了那盘 CD。我听了 CD，但并没有以此为契机去打听 H 的近况，也没有因此和 H 取得联系。就这样又过去了很长时间。

说实话，我不去联系 H，有 90% 是因为主动去听他的歌或联系他这件事让我感到害羞，还有 10% 是因为，对于成为职业音乐人的 H，我多多少少有一些忌妒。

就这样又过去了七八年。曾经的同学们举办了一场初中毕业二十五周年的同学会。我原本不太想去参加，但组织者对我说的一句话，让我改变了想法。

“H 好像挺在意你来不来参加的。”

这句话让我特别高兴。于是我决定去参加这场同学聚会，在去之前我认真听了几张 H 出的 CD。

聚会当天，我和 H 就像以前一样，自然又开心地讲着彼此的近况，完全不觉得我们其实已经二十多年没有见面了。

为了参加这次的聚会，我认真听了很多 H 的歌。抛开我们是老朋友这个原因，作为一个听众，我觉得他的音乐真的很棒。于是我把他出的 CD 都买了一遍，只要条件允许，每一场演唱会也都到场。

后来，我和 H 偶尔会单独喝酒，也会和老朋友们小聚，但直到现在，每每见到他都还是会觉得有些不好意思，心里有一种痒痒的感觉……

我的这位朋友 H，就是 KIRINJI 的堀入高树。

堀入的妈妈给我们家送去的那张 CD 就是 KIRINJI 的《Arcadia》。

这个月末，我还会怀着有些骄傲又有些不好意思的心情，去看 KIRINJI 的公演，去看我的朋友 H。

宇多丸　我一边读信一边在猜 H 到底是谁……没想到是 KIRINJI 的堀入高树老师啊！自作主张把您的故事给介绍了，真是不好意思。不过真的是个很感人的故事！

婚礼为何邀请我？

Rocinante（男）

大学毕业后又过了几年的某一天，我收到了初中同班同学K的婚礼邀请函。

我不禁感叹，已经到了这个年纪啊。也没有什么拒绝的理由，我在邀请函的“出席”一栏打了钩，但内心却在想：“你真的要邀请我吗？”

回想过去，我确实有一些和他一起玩的记忆。但我还有很多关系更好的朋友，对他来说应该也是一样的。我内心不禁打鼓，给初中同学预留的位置应该不超过五个，我真的配占据其中一个吗？

同样被邀请参加婚礼的老同学们（我的“前任朋友们”）好像也和我有同样的想法，取笑我说：“咦？你，也被邀请了？”我跟着打趣：“是呢，我也挺意外的。”然后和老同学们叙旧。

礼成之后，结束了二次会的我们又涌进了三次会的 KTV。此时还在场的除了我们初中组的几个人，就是两位新人的高中、大学时代的朋友了。

这时候 K 已经喝了很多酒，他大声对周围说："大家，安静，听我说。"然后指着我，说了一句令人惊讶的话。

"他，是我最好的朋友！"

在场的人都以一种"哦？是吗？"的眼光注视着我。

我的大脑陷入混乱，心想："这货在说什么？！"

K 继续说下去。

"在我最不如意的时候，他啊，只有他一个人陪在我身边。"

听着他的讲述，我也逐渐回忆起了那段往事。

大概是初二或者初三的时候，有一段时间，K 遭到了同班男生的集体排挤。

命令他们这么做的是班里一个"老大"风格的人物。那个男生体形高大，家里又有钱，还具有吸引他人的领导气质。

当年的我和"老大"不同，虽然没有什么背景，但总是活跃在班集体的中心，是那种让大家开心的活宝角色。

我和"老大"的关系也很好。我自认我们是比较对等的关系，但对于他来说，我可能不过就是众多的小跟班之一。

那时的我既不忍心和他们一起排挤K，也没有勇气和“老大”正面硬碰硬，所以表现出一种模棱两可的态度，拖拖拉拉和两个人都做朋友。而这种暧昧的处理方式触怒了“老大”，结果我也被大部队排挤在外了。

这时接纳我的，只有当时同样遭到排挤的K。所以，那段时间我确实好像天天都和K在一起。

然而，“老大”的想法总是阴晴不定，不知道是对我们没有兴趣了，还是转移了攻击的对象，逐渐地，对我们两个人的排挤也就解除了。

尤其是我，因为性格等各方面原因，“老大”还是比较喜欢我的，所以排挤被解除之后我作为班里的活宝角色东山再起，慢慢地，我连自己曾经被排挤过的事都忘得一干二净了。

听K的描述，在他的心目中，我的形象被美化得非常伟岸，就好像是我率先站出来去当他的挡箭牌，即便把自己搞得遍体鳞伤，也拼命想要保护他……

我犹豫了一下要不要纠正他的认知，但是新娘的女性朋友们向我投来的目光让我觉得不应该破坏此时的氛围，于是就苦笑着说：“那都是过去的事啦。”

K原本就和“老大”合不来，很容易被盯上当作靶子来攻击。在我不知道的地方，他一定遭受了比我要痛苦N倍的待遇。

那天晚上走在回家的路上，我不禁感慨，虽然当时我并没有为 K 做什么，但有时候，只要陪伴在身边，可能就能成为某个人的救赎。

后来，我收到了一次来自 K 的贺年卡。卡片上印着他宝宝的照片。估计以后在同学会上我们还有碰面的机会吧。

每当我想起 K，心里都会想“还好当初没有和其他人一起排挤他”“还好当初和我一起受到排挤的是他”……然后在心里为自己小小地骄傲一下。

宇多丸　首先我觉得，这封来信作为一部短篇小说，结构非常有趣。如果是不会讲故事的人，可能一上来就把真相给说出来了。

古川　记忆不断复苏的过程也让人跟着捏一把汗。

宇多丸　对于 K 来说，应该是一段非常刻骨铭心的记忆吧。

古川　他可能真的感受到了一种救赎。

宇多丸　尽管实施霸凌的一方往往什么都不记得了。

FUKUTAKE　虽然 Rocinante 都没太当回事，只是觉得“我们当时关系还不错”，但在初中时代每天往返家和学校两点一线的孩子的世界里，作为当事人来说，这可能真是一件非常重要的事情。

宇多丸 对于这位朋友来说如此刻骨铭心的事情，对于 Rocinante 来说只是个需要仔细回想才能想起来的模糊记忆。就像这样，人跟人的悲欢真的并不相通，这也许就是人与人交往的本质。但这种本质给人带来的孤独感，更让人百感交集啊。

古川 我觉得 K 通过 Rocinante 的一系列言行，可能也察觉到了这一点吧。

宇多丸 所以才会选择在醉酒之后说出这些话。他也是鼓起勇气想要告诉 Rocinante，“虽然你可能没察觉到，但是……”

古川 即便如此，K 还是想表达他的感激之情。

宇多丸 但两个人的距离感还是有的，也没办法说“那接下来我们继续做回好朋友”。

FUKUTAKE 毕竟 K 在嘴上说着他们是最好的朋友，之前却也没主动联系过嘛。

宇多丸 所以可能也就是一次道谢吧。既是道谢，也是道别。不过这种一边疑惑“为什么要叫我参加婚礼？”一边还要若无其事地跟新人道喜的喜剧感也挺有意思的。

古川 就像是亚历山大·佩恩[1]式的幽默。

宇多丸 虽然Rocinante说“那都是过去的事啦”，但要换作是我，肯定在那一瞬间改写自己的记忆，然后说：“对对对！是我是我！我就是他的铁哥们儿，说得太好了！”

1 亚历山大·佩恩（Alexander Payne，1961— ），美国导演，代表作有《关于施密特》（*About Schmidt*，2002）、《杯酒人生》（*Sideways*，2004）、《内布加拉斯》（*Nebraska*，2013）等，主人公多为中老年人，所拍喜剧中也有对社会问题的观照。

时隔十一年的重逢

SATO 酱（男·29 岁）

我和高中时代最好的朋友小林健，不仅不在一个班和社团，甚至连好朋友的圈子都不一样，但不知为什么，就成了关系最好的（也许只是我单方面这么认为）朋友。

小林健既时尚又幽默，很受大家欢迎，对我来说是像偶像一般的朋友。

为了得到他的认可，我开始接触之前完全没有兴趣的时尚穿搭和艺术。现在想想，为了能够和他聊得来，我真是付出了很大努力。

和小林健疏远的原因，没错，就是“毕业”。

2007 年 3 月 7 日，我们从高中毕业了。我上了普通大学，而他上了专业学校，两个人就此完全成了“前任朋友”。我们甚至在同学的婚礼或者同学聚会上都没有碰过面，就这样过去了很多年。

不过，每隔两三年，只要想起来，我就会在他的 Facebook 上给他发个生日祝福，但渐渐地也就收不到他的回信了。

高中毕业已有十一年。大概一周之前，当我正在“巡视”（自己不登录账号，只是看别人的动态）别人的 Instagram 的时候，顺藤摸瓜摸到了小林健的 Instagram 账号。

他现在是一名美容师，正好有一条动态显示，他在新开的一家工作室作为造型师出道了。我感觉自己已经坐不住了，回过神来发现自己正在拨打那家工作室的电话，预约到店时间。

对方问我到店人的姓名，但我想以一种惊喜的方式和他重逢，于是拜托对方只留了我的姓氏（因为我的名字有些独特，肯定会被发现），之后便挂断了电话。

然后，昨天，是的，就在昨天！

2018 年 3 月 7 日，我带着一束花，前往那家工作室，去见小林健。

在看到我的那一瞬间，他露出了一副又惊又喜的表情，兴高采烈地迎接了我。

“恭喜出道。”我把花递给他。他接过花说：“你现在都这么上道了啊。”然后握住了我的手。

接下来，时间就好像穿越回了十一年前一样，我们聊得很火热。但是聊的内容却是经历很多事情之后才有的感悟，绝不是高中时代的我们能够理解得了的。

他是一名造型师，而我是一名建筑师。虽然职业不同，但同属于创作者的工作范畴，我们都有身为创作者才能懂的苦恼和成就感，所以聊到这些的时候，我们都很投入。

他说："看到 SATOCHIKA（我的名字）现在这么耀眼，我真为你高兴。"那一刻，我感觉我们之间那十一年的空白，一下子就被填满了。

比起世俗的评价，我更在乎他对我的看法。今后，我还是愿意为了得到他的认可，继续努力和进步。

FUKUTAKE　这个故事很直白，很好懂啊。

宇多丸　两个人都在各自的道路上不断精进，这也是这个故事的精髓。但我一直在想，既然两个人的友情还在，那当初为什么就不联络了呢？虽然可能也没什么明确的原因。

FUKUTAKE　小林健应该也是惦记着 SATOCHIKA 的。见面的时候他还说"你现在都这么上道了啊"，这句话说得不错。

艺术的世界

铃·鼓（女·23岁）

那是我刚刚进入美术高中的时候，刚开学，大家都还有点浮躁和兴奋。某一天的午休时间，座位离得很近的A对我说：“我们一起吃便当吧。”

我们那所高中虽然也有所谓“校服”，但平时都允许穿自己的衣服来上学，加上又是艺术类的学校，基本所有的学生都穿着自己的衣服。回想起来，A的穿着打扮完全可以称之为“真·JK[1]”，她是个每天都穿着整套制服来上学的清纯系小辣妹。

至今我都记得，当时性格内向不善交际的我，被A搭话的时候，虽然有点慌张，但满心是激动和喜悦——“我被辣妹搭讪了！”于是接受她的邀请，度过了气氛稍显尴尬的午休时间。

1　日语“女子高生（Jyoshi Kousei）”，女高中生的简称。

一开始，我和 A 之间还有点那种辣妹和“小透明”之间的距离感。但因为美术课都是小班授课，我不仅和 A，还和班里的其他同学打成了一片，度过了一段平凡而幸福的高中生活。

A 是学油画专业的。和她的辣妹外表不同，她是个很好强又很自律的人，总能驾驭非常好的颜色作画。虽然我并没有和 A 成为最好的朋友，但是我非常喜欢她画的画，每次都非常期待见到她的新作品。

然而从高二的后半段开始，A 就不怎么来上学了。等到高二升高三的时候，她从以实际操作为重的油画专业转到了以理论学习为主的专业。我听其他同学说，那段时间她把大部分精力都放在打工上了。

在艺术的世界里，努力不一定会直接取得肉眼可见的成绩，这是常有的事情。正是 A 的那种自律的性格和对自己的高标准严要求，把她逼进了一个死胡同，让她变得不再想画画，最后放弃了画画。每每想到这里，作为期待看到她作品的粉丝之一，也作为和她一起前进的同志，我都感到非常痛心。

我不知道高考之后的 A 去了哪里，只是，每当我开始犹豫和怀疑要不要在这条路上走下去的时候，浮现在脑海中的，总是 A 画的画。

宇垣 这不就是《蓝色时期》（山口飞翔）的故事吗！

宇多丸 就是那个我们还在节目上介绍过的很好看的漫画啊。A 之于她，与其说是朋友不如说是崇拜的偶像。虽然外表是个辣妹，但她总是"能驾驭非常好的颜色作画"，这点也很打动人。真的很像《蓝色时期》。青春年少，在这种靠天赋说话的世界里经历的挫折，总是更让人刻骨铭心。

宇垣 创造的过程，其实也是消磨自己的过程，难免心灵会疲惫。

宇多丸 尤其像油画这种，你很难说它的终点在哪儿。

宇垣 那是个只靠喜欢可能坚持不下去的世界，所以能坚持的人也更值得尊敬。

往日的照片

大津限定（男·90后）

我有一个好朋友O。我和O自从小学三年级换到一个班之后，一直读同一所初中、高中。虽然O在高一的时候因为家里的原因转到了另外一所高中，但在他转学之后的一段时间里，我们也还是会保持联系，偶尔见面。

当我们进入大学之后，能够自由支配自己的时间和金钱的时候，还一起乘坐现在已经废除掉的北斗星号列车，踏上了两个男人的北海道夜行列车之旅。

但是因为O的转学，我们的生活圈子变得越来越不同，随之，我们见面的次数和联系的机会也就越来越少了。就这样渐渐地，从那次北海道之旅归来五年之后，我们两个已经彻底疏远了。偶尔我也会想要不要去联系他一下，但心里总会冒出“现在见面估计也会很尴尬吧，估计也没什么话题可聊了”的想法，一直打退堂鼓。

去年，在公司的年会上我喝到很晚，最后一班电车的时间临近，但我还是不想回家。我突然发现，自己喝酒的地方就在O的住处附近。可能也是酒精作祟，我一扫多年来的纠结和踌躇，给O打了一个电话。

“我正在你家附近喝酒呢，你出来咱俩再去喝点？”

事实证明我的紧张和忐忑都是杞人忧天，O很快就赶了过来。他带我去了一家他常去的烧酒吧，我们喝了几杯之后又转战他家继续喝。在他家里，我们互相给对方安利最近喜欢的外国音乐等，度过了一个很尽兴的夜晚。我们并没有聊起往事，但也完全没有感觉到多年不见所产生的隔阂。

次日，第一班电车的时间临近，我和O两个人并肩走在黎明前的街道上，看着刚刚泛白的天空，我袒露了自己心中所想。

“我啊，其实在见你之前一直都挺紧张的。我在想，如果你变得跟以前不一样了怎么办。但是看到你还是原来那个你，我就放心了。”

“我也是。我跟其他那些老同学也会在同学会上见面，但见到你的感觉跟他们还是不一样。”

我刚走进他房间的时候就发现了。在他的房间里，还摆着我们当年一起在北海道的旅途中拍的照片。

原来我们之间的友谊完全没有结束啊！心里这样想着，嘴角不自觉地上扬。就这样，我坐着第一班电车回到了家。

宇多丸 & 矢部 & 宇垣 恭喜！

矢部 直到最后一段，都让人提心吊胆，心惊胆战地等着故事的结局。

宇多丸 看到他房间里还摆着你们的照片的时候一定很高兴吧。还好你主动联系了他！

宇垣 有的时候，就是在我们勇敢迈出一步的时候，某些时间的齿轮就会悄悄地继续向前转动了。

前任朋友、微妙朋友、现任朋友

皮卡丘的爸爸（男·14 岁）

我的“前任朋友”是我的小学同学。

我从这个春天开始就要上初三了。因为我读的是一所私立中学，所以小学时候的玩伴大部分都已经疏远了。上小学的时候并不是每个人都有自己的手机，所以也就没有交换联系方式。

因此，即便我想找到“前任朋友”再续前缘，让他们成为我的“现任朋友”，也没有可行的渠道。

不过，倒是还有一个办法。

那就是在 Twitter 的检索栏里输入“前任朋友”们上的那所老家的公立初中的名字，然后从包含这个关键词的账号中找出“前任朋友”的账号。

我已经通过这种方式和五个“前任朋友”取得了联系。

不过，如果我找到的账号是我都没怎么说过话的“微妙朋友”的话，我就当作没看见，也不会去联系。

上小学的时候，我并不是朋友很多的那种人，每天都是一大早就到教室，然后在教室读町山智浩的名著《创伤电影院》，然后再把它推荐给我最最亲密的朋友。我是那种比一般小朋友提前个三年左右进入“中二病”状态的孩子，所以很少交到好朋友，在 Twitter 上也就很难找到真正的“前任朋友”。

今后，我还会继续变换检索的关键词，从 Twitter 这个大海里，找回我真正的“前任朋友”。

宇多丸 “皮卡丘的爸爸”，我好想和你见面然后抱抱你啊！

现在的学生从初中时代就开始通过自己的手机交换联系方式了，所以比以前更容易保持联系了。而且，各式各样的社交软件也都方便我们寻找那些疏远的“前任朋友”。

话说“皮卡丘的爸爸”你可真了不起啊，上小学的时候就喜欢读町山老师的书了，而且还是《创伤电影院》！如果当初找你借这本书的那位“最最亲密的朋友”现在还喜欢电影的话，我觉得过不了多久你们会再相遇的。

小型 Live House

白色青花鱼（女·26岁）

这是关于我在大学时期的好朋友H的故事。我和她是在经常去的一个乐队的演出上认识的。

在工作日人流稀落的小型 Live House 里，常客们往往会记住彼此的脸，久而久之就变成了熟人。“我有一件和你一样的T恤！”有一次我在饮料台前排队的时候H走过来对我说。以这句话为契机，我们成了 Live House 里的好朋友。每次开演前和舞台转换的休息时间里，我们都会凑到一起聊天。

我们通过 Twitter 保持联络，有时还会一起去吃饭、看电影……我们两个年龄相仿，所以总是有聊不完的话题。也正是因为我们生活在完全不同的环境之中，所以也可以毫无芥蒂地跟对方倾诉自己的烦恼。对我来说，她是我在学校之外交到的第一个朋友，所以她之于我，是一个非常特殊的存在。

然而，有一天我突然发现，她不再更新自己的 Twitter 账号，也不再来看演唱会了。

虽然已经过去了很多年，但每当我走进 Live House，还是会习惯性地去寻找她的身影。

宇垣　通过社交软件连接在一起的友谊，有它独特的轻松，但相应地，关系可能也更加脆弱吧。

宇多丸　就是那种“仔细想想，我好像对她一无所知”的感觉。不过突然就不来听演唱会了，还是让人有点担心。

宇垣　有可能是身体的原因，也有可能是因为遇到什么事，然后决定：“和以前的所有关系都划清界限！”

宇多丸　最后，原因也就这样无从知晓了吧。就因为在一起相处很轻松，所以当某一天那种关系的脆弱摆在面前的时候，就会让人更加难以释怀。

还有那种，在常去的居酒屋总能碰到，所以一起喝酒聊天的酒友。虽然也知道对方的名字和工作，但是其中一方如果突然有一天因为某些原因不再来这家店了，你会发现，自己其实对那个人一点都不了解。这种只通过一丝脆弱的纽带连接在一起的关系，总是令人感慨，一旦那一根线断掉了，也就全都结束了。

你有 3 块钱吗？

涩谷出租车（男）

我的“前任朋友”K，和我在同一个城市出生、长大，从幼儿园到高中一直都是同学。我们两家的家长关系也很好。尤其是高中时期，我每天都和他一起骑车半个小时上下学，从社团活动到模拟考，再到觉得班里的哪个女生比较可爱之类的，什么话都可以聊。现在回想起来，从小孩到大人的每个人生阶段，我都是和他一起走过来的。

后来，我因为在东京上大学就搬到了东京，毕业之后直接留在东京工作了。他也通过父母的关系进入了大阪的一所大学，听说毕业之后也直接留在那里工作、结婚了。我们两人之所以渐渐疏远，物理上的距离当然是一个原因，更主要的还是因为，曾经发生过一件让我和他之间产生巨大隔阂的事情。

那是我到现在都感到费解的，有关他经济状况的事情。他是一个超级无敌会省钱的人，为了节约午饭钱，每天早上都自己做饭团带到学校来。虽然这也挺好的，但问题出在那杯对他来说有些奢侈的便利店的奶昔上。

我们骑自行车上下学，尤其到了夏天，社团活动后回家路上在便利店买的冰镇饮料就成了我们每天最大的期待。滚烫的身体瞬间得到冷却，那是让身心都得到放松的无比幸福的时刻。我们最喜欢喝的是某便利店自制的100块钱的奶昔，性价比极高。K也非常期待那杯奶昔，手里攥着100块钱，面对青苹果、可尔必思、汽水、芒果等每天变换的奶昔味道，如同宇多丸老师的电影评论一般，总是展开激情热烈的解说……嗯？

各位注意到了吗？K为了不让自己乱花钱，从来不带钱包出门，而是只带买奶昔用的一枚100元硬币。众所周知，日本从1989年开始对全体国民征收消费税（当时还是3%）。而K他，从一开始就没打算履行这项义务，而是打算让我替他承担这3块钱。

在支付税后103元的奶昔钱时，他每次都会问我："你有3块钱吗？"然后要求我替他支付那3%的消费税。比起金钱上的负担，让我更加不能原谅的是他那为了自己省钱而让别人替他支付的想法，以及好像我替他付钱是天经地义似的傲慢态度。

在高二的暑假临近尾声的时候，我的忍耐也达到了极限。

于是我跟 K 阐明：“以后要带钱包来上学。”“让别人替自己负担消费税的做法是不对的。”“虽然我们已经是很久很久的朋友了，但我认为应该重新审视一下我们的关系了。”

K 有一瞬间露出了惊讶的表情，但紧接着说了一句令人瞠目结舌的话：“你这个男人怎么这么小气。”直到今天，我回想起他说的这句话，都觉得他的反应真是够扯淡的。但我也明白了，他的立场就是“如果是朋友的话，替我支付那 3 块钱就是理所应当的”。我已经记不得后来我做出了怎样的反应，但从那以后，我就再也没有和 K 说过话。

每次我回老家，母亲都会告诉我“K 当爸爸了”之类的、有关 K 的一些近况。我并不是对他的近况有多么感兴趣，但每当我听到这些消息的时候，都会对自己就因为 3 块钱的事跟他绝交，感到一丝内疚。

宇多丸　这就是那种“不自觉”吧。[1] 他根本就没有想过应该去支付消费税。

1　以前节目里有一个听众来信环节，一起讨论生活中那些因“不自觉”而产生的问题。（日文版编著）

宇垣 是因为准备 103 块钱的话就必须得带钱包出门吗？如果只是偶尔的话我觉得问题不大。“今天我只带了 100 块，拜托，借我 3 块钱吧！”之类的。但一旦他觉得这个事情是理所应当的，并且每次都要求你这么做的话，就确实有些过分了。

宇多丸 在这种“不自觉”的故事里常有的，就是一方明明已经很生气了，但另一方完全不觉得，随后他还表现出一副很理直气壮的样子。

宇垣 这只是我的猜测，我觉得他应该也意识到自己的不对了，但又碍于面子没办法坦诚地向你道歉。也许“涩谷出租车”的表达方式也有些激怒 K 呢？毕竟你都说了要“重新审视我们的关系”。

宇多丸 K 可能觉得，这么点小事，至于把话说得那么重吗？毕竟还是高二的孩子，那个年龄段的孩子想问题肯定还有很多不成熟的地方吧。

《山月记》里的老虎

Chinaski（男·32岁）

这是一个关于我和我的高中同学S的故事。

我和S之间的共同点是我们都很喜欢音乐。我们从初中开始就是好朋友了。S知道很多我不熟悉的乐队，借给我很多CD。S在BUMP OF CHICKEN因为《天体观测》这首歌火起来之前就借我听过他们的CD。受S的影响，我也开始喜欢搜集一些尚不出名的小乐队的歌来听。外加我们两个在同一个课外班上课的缘故，初中时代的我们基本上是数一数二的好朋友的关系。

初中毕业之后，我和S进入了本地的同一所公立高中。但从这个时候开始，我和S的关系也慢慢发生了改变。虽然彼此都还喜欢音乐，但S开始喜欢视觉系的乐队，穿着打扮也开始受到视觉系乐队的影响。对于当时沉迷朋克摇滚的我来说，这一点让我很难接受。

我和 S 生长的地方是一个连便利店都没有的超级农村，所以高中时期在学校里存在感最强、最受欢迎的往往是那种小混混一样的人。既喜欢学习又喜欢亚文化的我，赶上青春期的自我意识急速膨胀，逐渐开始感到，老家这个地方已经没有属于我的容身之地了。

高二，在语文课上，我学了中岛敦的《山月记》。周围的同学都嘲笑主人公“居然变成了老虎”，但自我意识剧烈膨胀、被超强的自尊心所束缚的我，却没有心情去嘲笑因为怀有“懦弱的自尊心”和“傲慢的羞耻心”而变成老虎的主人公。

当时的我坚信，“我在这里过得不快乐，都是因为这里是农村。等我高中毕了业去大城市上学，这一切都会变好”。所以每天放学之后我都第一时间冲回家，像是要抓住唯一一根救命稻草一样，疯狂地学习，备战高考。我一直非常害怕继续留在这里我也会变成那只“老虎”。

S 也和我一样，对学校生活感到苦闷。他越来越爱说一些讽刺老家农村面貌的话。作为兴趣爱好，S 一直都在弹电贝斯，但他并没有在文化节的时候加入那些小混混组建的乐队，而是坐在观众席，故意大声对我说：“我才不可能加入那么没品位的乐队呢。”

后来，我的努力得到了回报，考上了第一志愿报的一所大城市的大学。那时候我已经很少跟S聊天了，但毕业典礼之后，借着在厕所碰见他的机会，我跟他说了我考上大学的事情。

然而S说出了一句令我惊讶的话。

“毕竟你也只会学习嘛！我上大学之后要加入轻音乐社团，然后组个乐队出道！”

听到这些话，我甚至已经忘了愤怒，只剩目瞪口呆。那是我最后一次和S说话。

进入大学之后，我依旧过得很不顺心。

一直都活在一种盲目自信里的我，第一次知道，原来让我过得不开心的原因不在于曾经生活的那个农村，而在于“我自己”。让我第一次直面这个真相的是我大一时候的女朋友。她无情的离开让我终于对自己有了清醒的认知。幸运的是，失恋之后的那段时间有好朋友和一些前辈陪伴着我，在他们的关照下我也逐渐成熟了起来。如今，我也终于能够看清，高中时期的自己的很多想法确实太幼稚。

我和S自从高中的毕业典礼之后就再也没有见过面。我也是因为一次偶然的机会才得知他的近况（我听说S一毕业就把头发染成了黄色，戴上墨镜，变成了一个非常复古的摇滚仔）。

后来，为了方便通知同学聚会的具体事宜，高中的同班同学组建了一个 LINE 群。在那个群里，S 反复强调希望大家去 YouTube 上听一听他倾注了很多心血制作的歌。我也试着去听了一下，但说实话，那是一首没有任何亮点的曲子，听完之后很难评价是好听还是难听，甚至给人留不下什么印象。不出所料，播放量还不到 50。

因为 S 过于频繁地在群里骚扰大家，已经感到不耐烦的另一个同学在群里委婉地提出希望他不要再说了。但 S 却因此勃然大怒，留下一句："音乐是我活过的证据。你要是让我停止宣传，我就只能退群了。"退出了群组。

除了我之外的同学们都把这段对话当作一个笑料，但我却笑不出来。就像《山月记》的主人公被不断膨胀的自我意识所吞噬掉那样，我感觉，那时候的 S，已经变成了那只"老虎"。

而几年前的我，如果不是有身边人的提点，很有可能也成了那只"老虎"。

宇垣 （抱头）这的确……真的……很让人难受……

宇多丸 S 和"Chinaski"，以及对此感到非常痛心的我们，其实都是只隔着一层薄纱的一丘之貉啊。当然，我们都经历过通过蔑视身边的人和事来拼命维护自己的尊严的阶段。只是，如果一直保持着这种膨胀的自我意识，发展下去，就会变成 S 那样。

宇垣 就是《山月记》里的那只老虎。这个我特别能理解。

宇多丸 这也是对《山月记》的很有深度的解读啊。

宇垣 对于出生在农村的人来说，必须要去大城市的那种焦虑感，我非常能理解。仿佛天然就有一种，如果我不去大城市看一看，自己这辈子就要完了的感觉。虽然很久之后你会发现，其实你过得如何，并不完全取决于你所处的环境。

宇多丸 对啊。虽然我现在还在做音乐，但每个人对此的看法都不一样。在有的人看来，可能就会觉得："啊？你怎么还在干那种事？"从这个层面来说，我确实也很能理解 S 的心情。虽然 S 不太能够客观地看待自己，但我觉得他确实可以有一些骄傲，毕竟只有他还在坚持当年的梦想呢。

宇垣 确实，S 在这方面其实很强大。

宇多丸 是啊是啊。正因为这样，Chinaski 也无法只把 S 当作一个滑稽的人去取笑。因为今天的 S 就是曾经的他很有可能会变成的样子。而且，在坚持梦想这一点上，S 比嘲笑他的那些人更有毅力……

宇多丸 & 宇垣　唉……（陷入沉思）

借走没还的唱片

玉 PIRO（男·27 岁）

这是一个关于初中时期的我和大叔的故事。

当时，在我家附近的大荣超市后面，有一个面积大概只有四叠半[1]大小的破旧建筑。那是一家能够定制 T 恤和马克杯的小商店。

从外面往里看的时候，我看到一件挂在墙上的 T 恤上别满了样品纪念徽章。我发现，其中有一枚徽章是我非常喜欢的乐队的。于是我走进店里，第一次和店主大叔说了话。那就是我和大叔的初次见面。

“哦，对对对。那枚徽章不是我们自己做的。以前我去过一次这个乐队的演唱会，徽章是那时候买的。你喜欢？”

1　约 7 平方米。

大叔看上去有将近50岁的样子，眼睛有点外突，长着一张像《雷鸟特攻队》（*Thunderbirds*）的人偶一样的脸。我厚着脸皮对初次见面的大叔说“我想要这个徽章”。没想到大叔很爽快地就把那枚徽章送给了我。从那以后，我每天放学都会去大叔的店里，也不买什么，就是泡在他的店里，跟大叔畅聊有关摇滚的各种话题。

大叔跟我说，他以前也是玩乐队的，后来有过一份工作，但是也辞掉了。现在开了这家店之后，一边工作一边买DVD或是在YouTube上看一些怀旧的欧美摇滚的视频。

每次我去他的店里，他都给我看那些古老的摇滚杂志、演唱会的录像之类的，然后跟我说“你觉得这个乐队怎么样？我觉得挺不错的，但不知道为什么，就是没火起来”，或者“你这么小就知道这个啦，那我推荐你再去听听那个”，然后把他推荐的CD借给我听。对于我来说，大叔就是为数不多的、能够跟我一起聊老摇滚乐的好朋友。

我上了初二的某一天，大叔跟我说：“明天我不开店，你要不要来我家玩？”我的心里闪过一丝担忧，觉得“这是不是太危险了”。但我又赶紧抹去浮现在脑海中的迈克尔·杰克逊的脸庞，回答说：“好啊，我去！”

当我到了大叔家的时候，他把电吉他连接在扩音器上，一边说“好久不玩了啊”，一边弹琴给我听。然后我们两个一起听听大叔收藏的唱片，看看摇滚的录像，度过了一段惬意的时光。在我临走的时候，大叔说“估计我也用不着了”，就把他的那把吉他送给了我。

自打我上了高中之后，去大叔店里的次数就少了。但是偶尔去一次，就会跟大叔讲讲我在学校里组乐队的事情，或者跟以前一样随便闲聊点什么。

我跟乐队一起办过一次演唱会，那时候大叔也来给我捧场，还夸我说：“挺酷的嘛。吉他很适合你哦。”

最后一次和大叔见面是我 20 岁的那年。那时候我还在复读，久违地去大叔家一起听了唱片，也终于能跟大叔一起喝酒了。在我临走的时候，大叔借给了我他珍藏的几张唱片，说：“这都可珍贵了，一定记得还给我呀。”

第二年，我还没来得及把唱片还给他，就去东京上大学了。几年后，当我回到家乡，想去大叔的店里看看他的时候，发现那里已经变成了一块空地，大叔的店已经没有了。虽然我走到了大叔住的公寓前，但是心里因为惦记着那几张借走没还的唱片，所以没有去敲门，转头回了家。

现在我已经不玩乐队了，大叔的店也没有了。他借给我的唱片，还是没有还给他。我想哪天把唱片还给他，再跟他一起聊聊摇滚。

宇多丸　这也算是个完整的短篇小说了。很不错的故事。

宇垣　既不是亲人，也不是同龄的玩伴。但永远有一个能理解自己、支持自己的人是件多么幸福的事啊。

宇多丸　这个大叔总给人一种他很有故事的感觉。对他来说，能够交到这么年轻的朋友，应该也挺开心的吧。大叔说着“估计我也用不着了”就把吉他送给他的情节也很好。虽然这句话说得很平淡，但是大叔自己先弹了一遍再送给他，说明对这把吉他还是很有感情的。

宇垣　后来大叔还说“吉他很适合你”，深情啊。

宇多丸　再加上一直借走的唱片还没有还的故事结尾，不错！我多问一句，这些唱片你没弄丢吧？也许大叔现在就在听这个节目呢，怎么办？万一他生气了呢？

宇垣　大叔心想：“你倒是赶紧给我还回来呀！”

宇多丸　哈哈哈哈。

《合金装备 2》

金枪鱼汁（男·40 岁）

这是关于我的好朋友 T 的故事。我们从大学时代开始关系就很好。

T 是我的大学同学，我们是在合唱团认识的。我们两个很聊得来，所以总是一起出去玩。他虽然不是很会喝酒，但每次我叫他去喝一杯的时候，他都愿意陪着我。我们还一起在学弟的家里通宵玩《桃太郎电铁》。现在回想起来，我的大学时代，绝大部分时间都是和 T 在一起的。

大学毕业之后，我们一起加入了当年学校的指挥创办的合唱团，经常一起练歌。

如果我的记忆足够准确的话，那应该是在 2002 年的 2 月。那天有合唱团的演出。演出结束之后，大家又一起去了庆功宴。我们一时兴起，准备二次会在家里喝酒。因为当时我正一个人住，于是大家就来了我家。现在我已经记不清楚那天到底有几个人，以及大家都聊了什么。到家没多久我就睡了过去，一起来的几个人好像没过多久也都回去了。

只有T还留在我家。他在干吗？他用我的PS2，一直在打我还没有通关的《合金装备2》。我一边心想“这家伙可真喜欢打游戏”，一边靠在一旁看着他打游戏。

终于，T打通了最后一关。画面上开始出现片尾动画。T看上去很满足，看到片尾动画结束后跟我说了句“那我回去了”，然后走出了我家。我把他送到门口，打了声招呼，送走了他。这是我们日常会重复无数遍的动作。

然后，我就再也联系不上T了。他再也没来过合唱团的排练，无论是打电话还是发短信，都没有回音。看样子并没有更换电话号码和地址，但就是联系不上。就这样，T渐渐淡出了我们的生活。

两三年前，合唱团的一个女性成员说她见到了T。我很惊讶。据她所说，T已经结婚了（妻子还是我也认识的大学同学），现在住在市里。但是因为那次偶遇太过突然，她都没来得及找T要他的联系方式。

到现在我也不知道T为什么会突然从我们面前消失，我也不再想去知道其中的原因。只是，我还是挺想T的，还想再跟他一起去唱歌喝酒。

宇多丸　虽然是个让人有点唏嘘的故事……但好像又有点危险的气息。《合金装备 2》这个游戏，其实后面的故事情节还挺黑暗的。就是说原本最信任的人，最后变得不可信了。不知道 T 是不是受到了这个故事情节的影响。

宇垣　不至于吧。你想，他做得真的很决绝啊。完全无视所有的来电和信息。我觉得可能是 T 那边有了什么必须要和他们断绝关系的变故吧。比如说，实际上 T 正在被一个黑暗组织追杀，为了不连累身边的人，所以不得已断交之类的。

宇多丸　你说的这个才不可能吧！我觉得是不是那样，因为一直都是他自己在打《合金装备 2》，他就觉得，你为什么要让我一个人打游戏啊！我多寂寞啊！然后就生气了……

宇垣　更不可能了好吧。

BEER
BEER

精华

TerryBANBAN（男·33岁）

我有一个从小学到高中一直都关系很不错的朋友……不，是超级无敌好兄弟。

T是一个既有品位又聪明的人，所以总是备受瞩目。对于性格内向又不爱说话还有一些宅男气质的我来说，T既是好朋友，也是崇拜的对象。

T很喜欢去KTV唱歌，我为了能跟他合唱“决明子”的歌，特意买来CD天天听，反复练习很多遍（当然，不同声部的歌词和曲调也都完美掌握了）。我听T说他为了获取最新的音乐信息而经常听广播的时候，也跟着一起听了很多广播电台的深夜节目。

当T说他想要组建一个乐队，但还缺一个贝斯手的时候，我花光了少得可怜的打工积蓄，买了把贝斯每天在家练习。听他说毕业旅行想要跟大家一起自驾出去玩，我就在高中毕业前赶紧考了驾照并找了一辆大容量的车。听说 T 对心理学感兴趣，我在报考大学的时候便选择了心理学专业 ……

现在想想，那时候的我，每天都为了得到 T 的认可而“拼命完成了青葱岁月里的很多事情”。T 对我的影响真的很大。

但是，从小学开始就一直在一起的我们，也难逃分别的时刻。一直都说大学想读心理学的 T，不知道受了谁的影响，突然又说“想要从事吉他制作的工作”，于是决定去吉他制作的职业学校了。

我一直都觉得我们大概会上同一所大学，所以得知这个消息的时候，很受打击。但是我也不能因此就改变想法，跟他一起去学吉他制作……所以，在这个节点上，我和 T 走向了不同的人生方向。后来，我顺利考上了心理学专业，去了离老家有点距离的大学读书。

刚上大学那会儿，我和 T 还会保持联系，但这个频率后来慢慢降低，我们的关系也就随之变得疏远。后来，我在大学里也交到了一群能够一起去 KTV 唱歌、一起听深夜广播、组乐队、一起去自驾的朋友，也就不会再去主动联系 T 了。

现在，已经成年的我，和初高中的时候不同，是个朋友比较多的人了。观测天体、看电影、拍照等，我也发掘了很多属于我自己的兴趣爱好，所以即使没有 T 在身边，也过着非常充实的生活。

然而，直到今天，“我开始喜欢的东西”，依旧还是“T 大概也会喜欢的东西”。有的时候我自己都能意识到，无论做什么，我都会下意识地去做那些“T 应该会很赞赏”的事情。而在我做这些事情的时候，我就会觉得自己正在做一件“很有品位”的事情。我的朋友们总会评价我是一个“有独特观点的人”，每当听到这样的评价，我就不自觉地想，也许他们是透过我的行为，在评价我的行为里所折射出的“T 的精华”。

宇多丸 T 就是那种亦师亦友的人吧。这种朋友的存在对一个人来说真的非常可贵。在这里很重要的一点是，TerryBANBAN 虽然一直在追逐 T 的背影，但是把在这个过程当中获得的东西真正内化到了自己的身体里，并且因此成功地拓宽了自己的世界。真的算是 T 的“得意门生”了吧。不仅仅是朋友，有些你所崇拜的作家、音乐人、导演等，人有的时候就是在模仿这些人的观点的过程中，逐渐形成自己的世界观的。

宇垣 中二病是一辈子都治不好的。那时候你摄取的东西，都会跟随你一辈子。

宇多丸 青春时代真的很好。因为在那个时候人是最容易吸收新鲜事物的，而且因为有很多时间，所以可以慢慢咀嚼消化，还可以“反刍”来慢慢感悟，随后“成为我们的血和肉”。所以我觉得 TerryBANBAN，你真的是在很好的年华遇到了很好的朋友。

讲黄段子的女生

东北机动车道（男·19岁）

那是大概一个月之前。

我是一个19岁的大一学生。去年4月份，我离开我出生和成长到18岁的家乡东京，来到爱知县的一所国立大学读书。

初中和高中都在本地一所男校上学的我，是重度的女生过敏体质。当然，在这么大规模的国立大学里面，肯定有很多很多的女学生。刚入学的那种紧张感还没有完全消失，我想到又可以重新开始从小学六年级以来一直中断的和女生的交流，就感到一阵紧张、新鲜，还有一点点期待。

话虽这么说，我在男校的时候也没有多少朋友，自然也很难交到关系很好的女性朋友。所以刚入学时给自己打的“一定要交到关系很好的女性朋友！”这剂鸡血，随着时间流逝也就被淡忘了。在大学里，我也只和跟我一样喜欢听广播的、很内向的、不怎么时尚的男生一起玩，开始习惯性地回避女生。

这时，竟然出现了一个对我感兴趣的女生。暂且管她叫“小秋”吧。

小秋是那种能在众人面前面不改色地讲黄段子的、比较“自由派”的女生。对于被男校囚禁了六年的我来说，“讲黄段子的女生”是个非常新鲜的存在，她在我心里的某个角落，留下了很深的印象。

有一天，小秋给我发来了 LINE。我从没收到过女生发来的 LINE，感到非常惊讶。不断琢磨要如何回信的过程很是开心，等待她给我回信的过程，又充满了期待。就这样在不知不觉中，我开始体会到，在男校的时候从未体会过的“青春”的滋味。结果那天，我们两个人一直在 LINE 上聊了将近四个小时。

没过多久，小秋就来问我：“我可以去你家玩吗？”从来没有女生“到我家来玩”过，我有些惊讶和慌张，但还是很爽快地答应了下来。小秋一个人来到了我家。我不知道跟女生一起在家里应该玩点什么，所以我们就看了我喜欢的综艺节目，然后一起吃着零食聊了聊天。

后来，小秋说她累了，于是大白天的就躺倒在我的床上。

我完全不知道该如何应付这种情况，就在一旁呆呆地看着她。

就这样，我和小秋的关系越来越好。

我以为这种关系会一直持续下去。甚至也想过，说不好，她就会成为我人生中的第一个女朋友了。但是，离别，突然以一种非常不可理喻的方式到来了。

今年年初，我突然看到社团的LINE群里显示“小秋已退出群聊”。

后来，社团方面也正式通知大家小秋退出社团的事情，但并没有说明她退出的理由。

那个时候，社团的Twitter留言里，经常会收到匿名的诽谤中伤的言论，我不知道小秋的退团是不是跟这件事有什么关联。但我感觉社团的氛围好像也不太适合我去过多地追问。我想，她退出的真正原因可能要就此沉入海底了。

小秋退出社团之后，我们谁都联系不上她了。现在我还是会时常想起她，惦念着她过得好不好。

宇多丸　一个女生突然失去了踪影……我不知道“东北机动车道”你有没有看过《燃烧》(李沧东导演，2019)这部电影?

宇垣　别瞎说别瞎说。

宇多丸　你们社团里有没有像本一样的男人？很有钱，长得很帅，嘴角总是挂着微笑，但眼睛却没在笑的那种。

宇垣　太可怕了太可怕了。

宇多丸　有没有明明大家在一起热热闹闹的，他却在一旁打哈欠的人？而且一旦被人发现他在打哈欠，就会很敷衍地假笑？还有一到休息日就不知道为什么总是站在水库前凝望。

宇垣　太吓人了。不会的。肯定不会是这种恶性事件。

宇多丸　还有，“跟我一样喜欢听广播的、很内向的、不怎么时尚的男生”……爱听广播很内向怎么了！真是太没礼貌了！

宇垣　怎么还突然生气了呢。

我们就是双胞胎！

MUJI子（女·26岁）

在我的心里，有一个一直都忘不掉的“前任朋友”。

她是我大学时代休学在英国留学一年的时候认识的，一个巴拿马的女孩子。她总是用她那甜美的笑容，治愈着在异国他乡孤独生活的我。我们两个是同年同月出生的，生日只差一天。这让我不禁觉得，我们的相遇就是命运的安排。我还记得我们第一次说话的时候，我就情不自禁地对她说：“WE ARE TWINS！（我们就是双胞胎！）”

我们每天都待在一起，一起去海边玩，一起去短途旅行，一起练习英语。我们彼此都认为，即便语言不通，我们也是心灵相通的好闺蜜。我们的口号就是：“WE ARE TWINS！”

有一天，发生了一件我这辈子都忘不了的事情。那是在我们两个人一起去西班牙的巴塞罗那旅行的途中。她的母语就是西班牙语，所以在旅途中扮演了一个完美的翻译。我们租下一间公寓做饭，一起去参观高迪的建筑，一起去海边玩……每一天都过得非常充实。

但有一天，她在路边突然说："……我的护照没了。"惊慌失措的她和我连忙沿着来时的路一路找回去，但还是没有找到她的护照。她开始号啕大哭。我拼命安慰她说："去领事馆让他们再给你补发一个就可以了。"于是第二天，我们一起去了领事馆。

在领事馆，工作人员给我们的答复令人震惊："我们暂不受理补发护照的申请。你将被遣返。"据说，一般情况下是可以补发护照的，但我们赶上了特殊时期，她现在只能拿到一张将她遣返回国的"红头文件"。

原本，我们会再旅行一段时间之后，一起回到英国，继续我们的留学生活。她完全消沉了，我也不知道该说些什么宽慰的话。

我们无法接受这突如其来的离别，怀着沉重的心情度过了旅途的剩余几天。

西班牙旅行的最后一天，她为了乘坐回国的班机，比我早一步离开西班牙。马上就要和最喜欢的好朋友以这样的形式分开，我感到无法释然。她也和我一样。于是我们两个人一路沉默着走到了车站。

她要乘坐的电车来了。跟我说“Bye Bye”时，她的眼神是悲伤的。我们两个都很难过。这种感受无法用语言形容，于是离别之际，我把前一天写给她的信塞给了她。然后，怀着最真挚的感情对她说：“WE ARE TWINS, ALWAYS！（我们永远都是双胞胎！）”

那是我和她最后的对话。

她回国以后，我们偶尔还会在社交软件上联系。虽然我一直都很想去一次巴拿马，但是单程 20 小时的旅途让我不停地打退堂鼓。每到临近生日的时候，我都会想起远在他乡的，和我生日只相差一天的她。然后我总是会想，即便我们再也无法见面，我也永远不会忘记她。她就是我的双胞胎好姐妹！

宇多丸 那句“WE ARE TWINS！”在很多关键的时间点串联起了这个故事。

宇垣 这个时候社交软件的便利就显现出来了。它能让人们一直保持联系。我觉得你们并不是“前任朋友”，即便相隔很远的距离，你们也还是好朋友，是永远的双胞胎姐妹。

宇多丸 真是一个美好的故事啊。希望你们有一天能够重逢。

倒爷

休酱（男）

我经常会去家附近的一家二手商店闲逛。在这个过程中，我和一个同样是常客的大叔成了好朋友。

大叔是一个把在二手商店低价买进的东西再转卖出去的商人，也就是倒爷。他对只是普通顾客而不是买手的我没有什么戒心，所以我们就成了朋友。他经常开车带我去逛其他的二手店。我们每周都要见三四次，每次聊上两三个小时。

有一天，我在二手商店以很便宜的价格买到了一个可以高价卖出的名品。这件事让他非常生气，我们的关系就此疏远了。因为兴趣爱好来淘这些物件的我，完全不能理解他为什么把这个事情看得这么重。但是对于专业做倒爷生意的他来说，我的这个行为大概是触犯了他的原则。

之前我们一直都是很好的忘年交，虽然他的年龄比我要大两轮以上，但在我们相处的过程中，我从来不会意识到这一点。现在我们每周还会碰面三次左右，但自从那件事之后，即便碰面，也就当没看见了。

人和人真是不知道什么时候就会变成“前任朋友”啊（望天）。

宇多丸 这也属于那种“不自觉”吧。从那个大叔的角度来说，他估计觉得：“我可不是在玩闹！”

宇垣 虽然我会觉得：“那关我屁事啊！”

宇多丸 倒买倒卖本身就是一个灰色地带，这件事咱们先不说……这个大叔的处事方式也真是够幼稚！

宇垣 没想到对方的心理年龄这么小。“即便碰面，也就当没看见了”，还挺有意思的，就像是小孩子赌气，还有点可爱。

宇多丸 到现在还会经常碰面……你们是有多喜欢逛二手商店啊！

宇垣 人和人啊，真是不知道什么时候就会变成“前任朋友”啊。

矛尾鱼

大城市里的鼯鼠（男）

我的“前任朋友”是我小学时期的好朋友小武（化名）。我已经忘了我们是因为什么成了好朋友，但那时候，小武和我是名副其实的好兄弟。

有一次，小武邀请我去他家住。我是唯一被邀请去他家过夜的朋友。我高兴极了，很爽快地就答应了。还在上小学三四年级的我，以个人的名义住在自己家以外的地方，这还是第一次。

我告诉我妈要去朋友家过夜，她一开始表示反对，说“那多给人家添麻烦呀”。但后来经过一系列的交涉，以双方父母都出面安排为前提，我们实现了人生的第一个过夜计划。我和小武一起洗澡，互相泼水，吃小武妈妈做的饭菜，晚上一起看动画片《游戏王》，熬了对于小学生来说还算挺晚的夜。就这样，我们度过了第一个和朋友一起过夜的夜晚。

小武在我心里就是无可替代的好朋友。有一天，我们在小武家里一起玩新买的《动物之森》。小武对我说："鼯鼠，我把你的房间也建好了！"他竟然为我建了一栋房子！除了我之外，小武只给他的家人建过房子。我感受到，我们已经不仅仅是好朋友，而且是家人了！然而没想到的是，正是这个《动物之森》，成了我们关系疏远的导火索……

那是我在《动物之森》里面钓到了非常珍贵的矛尾鱼的时候。每一个钓到的鱼都会被记录在图鉴里面，但当我给小武看我钓到的矛尾鱼时，小武竟然主张，那条矛尾鱼是他钓上来的！我们互不相让，一直僵持。结果，就因为都说矛尾鱼是自己钓上来的，我们两个人绝交了。

现在想想，真是屁大点事儿，但当年我们都还太小……

小学时代，即便跟朋友大吵一架，也很快就会和好。但可能正是因为我和小武的关系过于亲密，我们彼此都没有勇气迈出那一步。

我依稀记得，后来我们之间的对立还持续了一段时间。比如给对方挖个陷阱，又比如小武向我这边的小团体扔易拉罐。我们之间的隔阂越来越大。

初一那年，我和小武又被分到了同一个班，但两个人之间的尴尬还是没有消弭，彼此谁也不理谁，这样度过了一年的时间。有一次，小武在家中发现了爸爸的AV光盘，这件事在班里闹得沸沸扬扬。我还记得去小武家过夜的时候，他爸爸对我很好。班里人都在传这个段子，但是只有我笑不出来。我跟小武都是那种性格很逗的人，所以同学们都爱拿我们开玩笑。但是，我们绝对不会开对方的玩笑。这说明我们的关系已经僵到了极点。

有一次，一个初中同学对我说："听说你以前跟小武关系特别好，现在怎么谁都不理谁了啊？"在我的印象里，我从来没有跟哪个同学提起过我和小武以前的关系！那么，只可能是小武自己跟他说的。现在想想，小武应该也在心里一直惦记着我吧。

然而，我们再也没有说过话。初中毕业之后我们读了不同的高中。又过了很久以后，听周围的人说，小武已经结婚生子。而我，至今都没有和女性交往的经历，只是每天这样怀念着自己的"前任朋友"。

宇多丸　真是个让人心烦意乱的故事。

宇垣　甚至都说不清楚两个人疏远的原因到底是什么。

宇多丸　这种事情说来也是挺常见的。原本只是小孩子之间很幼稚的赌气，但到最后双方都不知道该如何收场了。虽然不是很明确，但小武似乎也在有意无意地惦记着你。这也更加让人心里乱糟糟的。

富士山！

SUTARODO（男·17岁）

一说到已经疏远的朋友，我就会想起初三时在棒球队里剃着平头的 FUJIYAMA（化名）。

我和 FUJIYAMA 的初次相遇是在初一。我们成了很好的朋友，到初三又成了同班同学。上了初三的我和 FUJIYAMA，都有着那个年龄的孩子特有的极强的自我表现欲。于是我们叫上几个朋友一起，立志要成为 YouTuber。

凑齐了人之后，就开始拍摄和剪辑，一切工序都推进得很顺利。我们拍过自编自导自演的僵尸电影，也自创了一档名叫《三局两胜》的小型综艺节目。拍这些视频更像是自娱自乐，即便上传到网上也没什么点击量。但整个过程让我们都非常开心。

随着拍摄的次数越来越多，FUJIYAMA 的表演风格也逐渐确立下来。要么就光着膀子模仿搞笑艺人 passion 屋良的拍胸段子，要么就一边喊着“富士山[1]！富士山！嘿咻！嘿咻！”一边跳着很傻的舞……干的事情真的都很幼稚。

就在我们以“开心”为宗旨拍了半年多的视频后，这个事情被老师发现了。我们被叫到了办公室。老师当着我们的面播放了那些视频，我们每个人都觉得羞耻至极，脸都红到了耳朵根。无论在拍摄的过程中多么开心，当你冷静下来再回看这些视频的时候，都觉得只剩下羞耻……老师命令我们解散团队并把上传到网上的视频都删除掉。我们虽不情愿，但只能答应老师，无奈地走出了办公室。

几天后，老师还打电话通知了我们的家长，爸妈也都看到了那些视频……这就好像正在自慰的时候被家长发现了一样，我们在家里都觉得无地自容。那段时间非常难熬，FUJIYAMA好像尤其被家长骂得很惨。这场骚乱平息之后，我总觉得对他有一种愧疚感，我们的关系也变得越来越别扭，于是以升入高中为契机，我们就再也不联系对方了。

又过了两年，我们都上了高二。那时候我已经和当初的YouTuber小伙伴们都疏远了。有一天我在刷Twitter的时候，

1 “FUJIYAMA”发音对应的日文汉字也可写为“富士山”。

首页上突然出现了一个视频窗口，是 FUJIYAMA 出战高中棒球联赛的比赛直播视频。

我很欣慰 FUJIYAMA 过着充实的生活，于是关注了他的账号。

宇多丸 真是社交媒体时代特有的故事啊……“富士山！富士山！嘿咻！嘿咻！”

宇垣 又蠢又萌！

宇多丸 不过，老师把他们叫到办公室然后勒令解散和删号……真的至于吗？他们也没做什么坏事啊。

池泽 可能老师也是出于一种关爱吧，觉得不能让这些孩子承担五年、十年后这些视频被扒出来时的风险吧。

宇多丸 原来如此！

宇垣 也是。FUJIYAMA 参加了高中棒球联赛，如果在这之后那些视频被扒出来怎么办？

宇多丸 确实。毕竟也有可能就此直接走上职业棒球的道路呢。

宇垣 这么想想，真的，谢谢老师。

宇多丸 不过听着都觉得很开心啊，还拍过僵尸电影。

TOMOVSKY　最后还是难逃疏远的命运……

宇多丸　典型的“是无情的大人把我们拆散了！”的情节。我们小的时候还没有互联网，如果有的话我可能会上传好多自己的曲子。

TOMOVSKY　是啊。那样也就不需要在大唱片公司出道了。真羡慕。

婚礼的邀请函

渡渡元（男·42 岁）

我的“前任朋友”是我的高中同学 M 林。高中的时候，我每天都沉迷于打游戏，我的朋友也都是一群爱打游戏的家伙，M 林就是其中一个。

我是一个比起说话更喜欢倾听的人，但不知道为什么，和 M 林在一起的时候总是我说得更多一些。面对他，我总是能够坦诚地表达自己的所思所想。不知不觉中，我们就成了高中时代最好的朋友。

高中毕业之后我们进入了不同的大学，但是我们的感情没有变，直到步入社会工作之后，这种友谊还是很自然地延续着。我第一次用自己赚的钱去旅行就是跟 M 林一起，我们单纯地因为“想坐飞机”而去了福冈。

高中时候的我们每天都只聊跟游戏有关的话题，但工作之后可聊的话题就更丰富了，从未来规划到恋爱观等，无所不谈。

我以为这样的关系会一直延续下去，但结果还是迎来了那一天。

彼此都临近 30 岁的某一天，我收到了 M 林要结婚的消息。他寄给我的婚礼邀请函上，还写着希望我能作为新郎亲友在婚礼上致辞。我知道他有一个稳定交往的女朋友，结婚对于他们来说是大喜的事情，被邀请致辞对我来说也是一件光荣的事情。

然而，那时的我正处于失恋后的低谷期，所以又感觉自己无法真正从心底为他高兴。

我拒绝了他的一切联络，婚礼的邀请也一直没有回复。现在想想，当时的我也真够固执的。但忌妒对方走向幸福的那种心理一直支配着我。那时的我是多么自私啊……

然而，就在距离婚礼还剩下一周时间的时候，我突然发觉自己可能正在做一件不可挽回的事情，于是急忙给他发了短信："哪怕只是到场看看你们，希望你还能让我出席你的婚礼。"M 林接受了我这个无理的请求。

因为是临时加的座位，我和其他朋友都没有坐在一起。原本应该由我负责的亲友致辞也换成了另外一个人。到现在我还清晰地记得，坐在婚礼现场的我，一边听着那个致辞，一边任由祝福和内疚的情绪在脑海中交织。

后来，因为内心的愧疚感过于强烈，我一直不敢去联系他……就这样，我们的关系也就渐渐疏远了。时间是无法倒流的，但如果能够回到从前，我想要回到他婚礼那一天，用我精心准备的贺词，为他们送上最衷心的祝福。

直到今天，这种想法还会时不时地浮现在我的脑海之中。这就是我和我的“前任朋友”的苦涩回忆。

池泽　确实很复杂。自己心里的那个结，会变成对对方的一种负罪感。短信之类的，只要一天不回，后面再想回复的时候，心理负担就会加强三倍。

宇垣　我懂！恨不得假装自己手机坏掉了。

宇多丸　尤其是婚礼邀请这种事情，肯定更沉重啊。但是毕竟他又重新邀请你了，所以我觉得 M 林可能没有那么多的想法呢。

池泽　渡渡元你能重新跟 M 林坦诚地说你还是希望去参加他的婚礼，这件事本身已经很了不起了，你能够对他抱有祝福和愧疚的情感，也很了不起。我觉得你们还是可以成为“现任朋友”的。

TOMOVSKY 渡渡元啊……既然你对他还有那么深的感情，真的应该去主动联系他呀！

池泽 对啊对啊！就很轻松地说“咱们去吃饭吧”之类的。

宇多丸 道歉的话可以之后再说嘛。

对 M 的谢罪

香（女·80 后）

初中时代，我认识了一个特别喜欢动画片的朋友 M。

在我们所在的地区，那个时候动漫和游戏已经是一种很主流的兴趣爱好了，并没有什么肥宅、土气之类的刻板印象。我的班上也有几个喜欢动画片和游戏的同学，但我和 M 能够成为好朋友，是因为广播。

我问过好几个同年级的同学“你们听广播吗”，但基本上大家的回答都是“NO”。我有点沮丧，心想“广播那么有意思……怎么大家都不听呢”。就在这时，同样是忠实的广播听众的 M 出现在了我的世界里。

得知她也听广播，我兴奋得都要跳起来，连忙问她：“真的吗？！你听什么节目？”就这样，我和刚刚成为朋友的 M 互相推荐，一起热烈讨论广播节目的内容，关系急速升温。

M 当时喜欢听的节目之一，就是池泽春菜老师主持的 TBS 广播电台的节目。

是的……对于出生于（20 世纪）80 年代的我们来说，池泽春菜老师就是传奇。

有点跑题了。说一说我和 M 疏远的原因。

某一天，放学之后我想去找 M，但是看到了正在和社团的朋友们谈笑风生的 M。

那一幕让我觉得“原来她也可以聊很多动画片以外的话题啊……而且看上去比跟我在一起的时候更开心”。幼稚的我独自开始生闷气，等到升入下一个学年，我就开始主动跟 M 保持距离了。

M 真的非常非常喜欢池泽春菜老师，一聊到广播的话题，她说的话就全是有关池泽老师节目的内容。

在科幻杂志里偶然看到池泽春菜老师的连载，我的内心被刺痛了一下。池泽老师第一次被邀请到“After 6 Junction”做嘉宾的时候，我的内心被刺痛了一下。在“前任朋友”栏目中听到池泽春菜老师的声音的时候，我的内心又被刺痛了一下。我甚至感觉，所有这些都是上天在给我指示，让我一定要怀着对 M 的谢罪之心去给栏目投稿。于是，我就怀着对 M 的谢罪之意，给节目投了稿。

宇多丸　顺便说一下，这是我们在直播中收到的稿件。

池泽　我突然注意到……今天的投稿里 M 出现的次数有点多啊……[1]

宇多丸　确实。“叫 M 的都会变疏远！”

TOMOVSKY　前些天啊，我去做了一次 MRI[2] 检查，然后写了一首曲子。那首曲子的最后就在不停地喊 M。简直是超自然现象。

宇多丸　哈哈哈哈哈！

宇垣　我的名字也是 M 啊。“美里”。

全员　啊！

宇垣　哎呀，讨厌。我也会被疏远吗……

宇多丸　毕竟这周之后你这个“TBS 主播”的头衔就要没了。[3] 你跟这个节目会不会也就疏远了啊。

宇垣　烦死了！

1　上一个故事“婚礼的邀请函”也是这天播出的。（日文版编著）

2　用磁感应透视身体的各个脏器和血管。（日文版编著）

3　在这一期节目播出的 2019 年 3 月的最后一周，宇垣美里从 TBS 辞职。（日文版编著）

料理教室的朋友

希望匿名（女）

这大概是八九年前的事情。我当时沉迷于一个乐队，直到2012年乐队解散为止，一直有一群关系很不错的后援会朋友。

大部分人都住在关西圈，但我们会经常一起去福冈、山口、东京、金泽等地方，追着乐队的巡演去旅行，关系好到每次看完现场之后都能聊上一个通宵（即便会互怼，但是最后都能够以“就算这样我也喜欢”来结束对话）。我们还会定期举办乐队的粉丝聚会（当然，乐队成员本人都是空气参加），为成员举办生日party，一旦有演出就会互相问去不去，即便没有相约一起去看演出，但到了Live House就发现大家都在。我们就这样一起度过了非常充实而愉快的时光。

但是那个时候大家都正值“妙龄”，除了我这个已婚者之外，另外11个女生中有9个人先后都要结婚。

当然，我出席了她们每一个人的婚礼（也不知道为什么，当时我们都没有办法坦诚地跟父母讲出我们是乐队的后援小团体，于是决定统一口径，说我们是“在料理教室认识的朋友”）。

说到为什么会和这群“前任朋友”疏远，虽然后来各自结婚生子也是原因之一，但最重要的原因还是乐队的解散。

因为我们喜欢的音乐都很像，也有一些人去粉了其他的乐队……但现在这种情况也少了很多，我们已经两年都不一定能见上一次面了……

大家也都变得“没那么喜欢去听现场了”。

我不禁感叹，和当初那段亲密的时间比起来，“前任朋友”可能就是这种不冷不热的状态吧。

宇多丸 对我来说，当我还是早期“早安家族”的粉丝时，也有过类似的经历。不论是去哪里，都是同样的一群人聚在一起，从晚上一直喝到天亮，然后虽然也会互怼……但还是很喜欢！

偶像团体本身的变动促使后援会成员也跟着发生变化……这也是常有的事。

去夜店玩也是，每当遇到人生的转折点，比如结婚、生子之类，总是一起泡夜店的成员就会慢慢减少，这也是没办法的事情。反过来，如果我听到跟我同龄的人说“我去一趟 HARLEM 俱乐部”的话，我反而会挺羡慕：“你还那么有精力呢？！”

无论是哪一种，在一起的时候越火热，冷却下来之后的落差感就越强烈。的确就是这样。

我的英雄

投掷海豚（男）

这是我一直在心里挂念着的“前任朋友”K 的故事。我和 K 是在小学认识的。

K 和我是小学一年级的同班同学，而且从一年级一直到我搬家转学的五年级为止，我们都是同班同学。我们两家也住得比较近，所以放学之后也经常在一起玩。

K 是一个运动细胞特别发达的孩子，参加了足球队，在学校里也是存在感数一数二的人物。而我，虽然性格算不上内向，但是属于那种小胖墩型的角色，运动方面一窍不通，也没有什么特长，平时就在班级的角落里跟朋友聊聊游戏啊、漫画啊之类的话题。

这样的我之所以能够和几乎完全没有共同点的 K 成为好友，我觉得主要是因为 K 是一个性格很好、对谁都很友好的人。

有一天，我和K约了放学之后一起玩。我在附近的公园里等他的时候，同班的N正好路过。N是那种我很不喜欢的、总是爱虚张声势的人。N看到我之后，就过来取笑我的身材，把我搞得很郁闷。这时，从马路对面突然传来一声呵斥："有本事你对我说这话试试！"我转头一看，K正站在那里。我现在已经记不清具体的经过了，但我清楚地记得，就因为K的那一声呵责，N畏畏缩缩地跑掉了。我被K那强大的正义感所感动，那一刻，我感受到了我们之间的友谊。

后来，因为家里的原因，刚上五年级的我不得不随着家人搬家、转学。班里同学为我办了一场欢送会，在临别之际，我和K以及几个关系不错的朋友约定日后一定还要见面，然后我告诉了他们坐电车去我家的路径。

"在这一站下车之后，先从月台下来，从最近的楼梯上到另一个月台，然后在那里坐上另一班车，没几站就到了。"那个时候的我还搞不清楚"开往哪个方向的列车"之类的信息，所以只能跟他们说明这么多。这一天和他们分别之后，我就搬到了新家。

搬到新家还不到一个月，某个休息日的上午，我突然接到了K打来的电话。

"去你家的话，应该在××站下车之后从最近的楼梯上到另一个月台上再坐电车是吧？”

我的内心一阵狂喜，觉得他要来看我了。但我还是拼命控制住这种情绪，假装淡定地问他：“是啊，怎么啦？”K 说：“没事，没什么。”然后就把电话挂断了。

然而那天，无论我怎么等，都没有等到 K 的电话，也没有人来找我。我还记得我很失落，一边叹息“唉，原来不是要来看我啊”，一边垂头丧气地上了床。

后来，我就再也没有接到过 K 的电话，我和新的朋友们感情日益加深，也就没再去联系过 K。

上了高中之后，有一天我突然想一个人回到以前住的那个地方去看看。就在我坐车坐到了换乘站的时候，猛然发现，以前我告诉 K 的换乘方式是从最近的台阶上楼，但实际上应该是从最远的那个台阶上楼。

那一瞬间，我突然想起 K 给我打来的最后一通电话。

也许，那天原本 K 就是要来看我的，而且是按照我指给他的路径一路找了过来。但就因为他按照我的指示从最近的楼梯上了楼，于是走错了月台，坐上了反方向的车。可能是自己害得 K 在车站迷了路。

而后来他不再联系我，是不是因为他发现我告诉他的信息是错的，从而对我生气了呢？这样那样的思绪一股脑地涌了上来，我感觉心里特别乱。

如今，我手头的毕业纪念册也只有搬家之后的新学校的了。没有了那些老朋友的联系方式，也就无法再从他们那里得知真相了。所以如果哪天我还有机会见到 K 的话，我一定要跟他确认那件事情的真相。这就是我关于“前任朋友”的一段回忆。

宇多丸 最近和最远啊……感觉也是时有发生的事。

宇垣 不过当年的 K，真的超级 MAN 啊！

宇多丸 “有本事你对我说这话试试！”这明明就是英雄角色的台词嘛。厉害厉害。

宇垣 而且 K 是一个善良温柔的人。我觉得应该不会因为坐错车这点事就不理你了。也许另有原因呢？

没有意义但很幸福

Extreme 涮肉（女·32 岁）

这是一个我和高中同学成为“前任朋友”的故事。

那是我 31 岁的春天，我突然收到了高中时的好朋友 Y 的 LINE 信息。

“我要跟 M、U（都是男生）一起出去玩，你要不要来？”

我大吃一惊。虽然我和 Y 以前关系很好，但高中时我根本就没有跟 M 和 U 说过话。他们三个人风格很像，是一起在文化节上组乐队演出的那种很耀眼的类型。

我并不是那种很醒目的人，所以也没什么机会和 M、U 交流，就这样毕业了。在前几年的同学会上，我和 M 倒是聊动画和音乐的话题聊得还算投缘。

我听 Y 说，是因为 M 想起那天跟我聊天的情形，然后提议叫上我一起去玩的。

我怀着一半惊讶一半高兴的心情答应了一起去玩，于是大家一起去了春天的音乐节。一旦进入社会，学生时代那些认生的毛病呀，不知道该如何跟异性相处的那种别扭的感觉呀，也就好了很多。因为我们四个人都很喜欢音乐，在一起玩的时候也总是很热闹。

见面一拍即合的我们，后来每周一次，或隔周一次聚在 Y 的家里，一起喝酒打游戏，懒懒散散地玩一个通宵，共同度过无聊但是又非常幸福的时间。31 岁，但大家都还是单身，没有男朋友也没有女朋友，这种状态也让我们有了更强的纽带。

后来，慢慢地我和 M 开始每天都在 LINE 上聊天，也会两个人单独出去玩了。M 是个性格很随和的人，既会说话又懂得倾听，跟他在一起，总是感觉时间过得很快。自从和上一任男朋友分手之后，我一直都觉得“一段时间内不想再谈恋爱了，有朋友就够了，一个人也过得很开心”。但开始和 M 相处之后，一直抱着这种心态的我开始觉得，“如果是这个人，我跟他在一起一定每天都很开心”。

就在我开始这么想的时候，和 M 的 LINE 聊天突然就中断了，四个人在一起玩的次数也明显变少了。我甚至不知道是为什么。和大家一起度过的那段没有什么意义但又很开心的时间，对我来说很珍贵，也很幸福。所以后来那段时间我感受到了巨大的失落。甚至有的时候回想这一切，就会止不住地掉眼泪。

“是不是我做错了什么”“是不是那个时候不应该说那句话”……各种各样的思绪和猜测在我的脑海中打转，让我很痛苦。

就在这时，还在继续的每月一次的慵懒时光，也迎来了终结。

那是因为M的一句话。晚上11点，大家刚刚喝完酒，差不多准备睡觉了的时候。

“我还是回去吧。现在还有地铁。”

大家久违地聚在一起享受快乐时光，我跟Y和U都露出了惊讶的表情。M继续说：

“反正不就剩睡个觉，等到明天早晨大家再各回各家吗？”

我的内心明确地感受到，有些东西已经结束了。确实，接下来就是大家睡个觉，然后醒来之后各自回家。但就是这种没有什么意义的、一起度过的懒散的时间，对我们来说才是最幸福的。

Y和U在一旁开玩笑说：“再拖延你一刻钟就没有地铁了！”我也想要留住他，可我虽然脸上是笑着的，但说不出话来。最后，M还是留下一句“走了啊，下次再聚”，便笑着走出了房间。

我想，“下次”肯定不会到来了。另外两个人，似乎也感受到了这一点。

那天后，已经过去了一年。直到今天，“下次”大家聚在一起的懒散时光也没有到来。“好久不见！过得好吗？”我们的距离很近，明明可以互相在LINE上这样问候，但就是这样一句简单的问候，我都没有勇气发出去。

就这样，大家变成了“前任朋友”。虽然有后悔，但也学到了很多。比如，可能某一天，某一个偶然的契机，你和别人可能会产生很紧密的关联，这种关系会带给你无限的幸福。但同时，这种状态并不一定会一直持续下去。所以，当我觉得“现在真幸福”的时候，我一定会用我200%的热情，去好好享受当下，不给自己留遗憾。

如果曾经大家也跟我一样觉得“好幸福”，我就很满足了。

宇多丸　我总认为，人在长大之后都会迎来另一个青春期，我称之为“第二青春期”。就是在25岁到35岁的年纪吧。那时候大家都适应了工作，有了点积蓄，心态也从容一些了。但是对于人生的迷茫和不安感也是无比强烈的。那是个跟学生时代还不太一样的，有点轻飘飘的阶段。我觉得大家都会有，我也有过。

宇垣 但是，这个阶段也会结束。

宇多丸 发生在 Extreme 涮肉身上的事情，大概就是这样的吧？有可能 M 比大家都先产生了怀疑，突然觉得："欸？我可以一直就这样下去吗？"

宇垣 也有可能是他有了更重要的人。

宇多丸 正是因为 Extreme 涮肉对 M 有了一种淡淡的爱慕，所以更加难以释怀吧。但这也不能说是谁的错。

最后一个圣诞节

有各种难以释怀的情绪的平成元年出生的人（女·30岁）

想着有一天一定要住在一起，然后在画画本上一起画下了房间布局的那个女孩。把名字定为“青春组”，总是在一起玩的小团体。半夜为了看星星跑到高台上，模仿漫画《海贼王》的经典画面（高举拳头）一起摆出pose的两个人……

工作、结婚、生子……毕竟我们都走上了各自的人生轨道，所以也没有办法。但是对于接下来将要和我疏远的好朋友A，我却无法用一句“没办法”就让自己放下，所以今天依然因为这件事感到心痛。

我和A是在短期大学认识的。得知彼此都是椎名林檎的粉丝，一下子就拉近了距离，成了好朋友。毕业之后，我们还是保持着每周两次的见面频率，由于过于亲密，还经常被周围的人嘲笑。现在想想，也不知道我们到底是哪来的那么多说不完的话，但是只要见面就会觉得很开心。

然而随着时间的推移，我们各自的世界不断拓展丰满，渐渐地，见面的次数也就变少了。兴趣爱好和思考问题的方式也都变了，即便见面也无法感受到从前的快乐了。即便这样，我们还是每两三个月就要见一次面，聊很多事情。工作的事、未来的事……每次和 A 对话对于我来说，都是能够给我带来新鲜刺激的宝贵时间。

那是去年的圣诞节。

A 有正在交往的男朋友，所以我猜想圣诞节应该不会跟我出去喝酒了。结果出乎我的意料，A 来叫我去喝酒。我心里很高兴，但不知为何，突然就觉得，“这可能是我最后一次在圣诞节和 A 见面了”。

我怀着一种失落的情绪去见了 A，喝了很多酒，也像往常一样，聊了很多。到了最后的最后，A 告诉我，她要结婚了。我真的非常替她开心，但又有一种无法言喻的感情涌了上来：“啊，原来真的是最后了呀。”

本来我们两个的休息时间就总是凑不到一起，结婚之后，估计就更难和我这个单身的人聚在一起了吧。他们的新家很远，估计也不能像现在这样，下班之后一起去喝酒了吧。感兴趣的话题可能也会越来越不一样吧。虽然我感到一阵巨大的失落，但是看到因为要结婚而满脸喜悦的 A，我也有一种快要哭出来的安心感。

工作之后，A 接连失去了父母。

一段时间里，她的状态很不稳定，让人特别心疼。那时候我总是很担心 A 会变成什么样子。即便是这样，A 还是一点点地好了起来，最近已经能够像往常一样开朗地笑了。看着这样的 A，我放心了许多。我也打心底希望：A 一定要获得幸福。

总是好强而且爱客气的 A，不太会依赖朋友，也不会在朋友面前表现出脆弱的一面。A 脸上的那种我从未见过的温和的、轻松的笑容，一定是在未婚夫的呵护下才有的吧。A 能够遇上这样一个让自己放心袒露一切的人，她又重新有了家人，这件事对我来说也很高兴。

所以，虽然会感到失落，但这样的疏远，我很欢迎。上周，改变了姓氏的 A 搬去了新家。虽然那天是休息日，但我觉得她的家人应该也在，所以就没去送她。在跟我说了自己要结婚的事之后，A 对我说："一想到今后可能没办法像这样总是跟你在一起了，我就忍不住哭了出来。"我现在一边回想着那天她的神情，一边在写这封邮件。

A，请一定一定要永远幸福下去。

宇垣 呜呜呜。虽然距离变远了，但是彼此心里永远都会想着对方的两个人，永远都会是好朋友！

宇多丸 学生时代有很多共同话题是当然的。但即使共同话题变少了，两个人之间的气氛和谐、三观一致，那么就算几年才见一次面，也没什么。

宇垣 如果两个人都能惦记着对方现在过得怎么样、过得好不好，那你们就是好朋友。

宇多丸 本来长大之后，朋友们就不会那么频繁地见面了。即使是那种关系特别好的朋友，也就是一年见一次面吧。

宇垣 一年能够见一次面就很幸福了。

宇多丸 就算彼此都结了婚有了孩子，但等到孩子长大了之后，可能又会有见面的时间了。

宇垣 有的时候正是因为彼此的生活距离远了，所以才能跟对方肆无忌惮地吐槽身边的事。

宇多丸 就像combat REC，以前我们在一起的时候都是通宵讨论"《漫不经心松太郎》和《来吧恋爱吉格乐》到底哪个才是更好的相扑漫画"这种无聊的话题，但不知不觉中，他的话题核心就变成了有关工作和家庭的各种牢骚。就算是这样，也并不代表 REC 变成了一个无趣的人。这也没什么不好。

精英大哥

GESHIZU（男·90后）

我和他相识是在小学一年级。我们同在一个棒球队，K是队里的王牌选手，又是年级里的大哥一样的存在。和他相反，羸弱的我常常连比赛都无法参加。

我和他家住得比较近，总是走同一条路回家。就因为这么简单的原因，我跟K成了好朋友。从小学开始一直到高中，我们都在同一个社团，是最好的朋友。他很受女孩子欢迎，棒球打得也好，是经常会接受采访的超级明星。即便这样，他还是会带着我玩，陪我度过了很多开心的时光。

但是，当我进入大学离开家乡之后，我们一下子就变得不联系了。后来，大学毕业之后我在找工作的过程中屡屡碰壁，成了一个无业游民回到了家乡。自卑感、焦虑感无时无刻不缠绕着我。就在这时，K 突然联系了我。

“干吗呢？你还好吗？我很担心你。工作找得怎么样了？”“我给你介绍一份工作吧？我希望自己的兄弟能过得好。”

但是，他的热情和善良反而让当时的我产生了巨大的反感，让我觉得更加自卑和焦虑。于是，我对他说：“你不要再联系我了。”现在想想，真是很后悔说出那样的话。至今，我都没有勇气再去联系他，也没有摆脱眼前这种糟糕的生活状态……我好想回到以前，依然和他一起聊一些有的没的，过着简单快乐的生活。

宇多丸　这就是“前任朋友”的精髓。没什么结局也没什么然后。

我很能理解你的心情。在自己状态很差的时候，如果 K 那样的超级明星突然冒出来，跟家长似的对你说：“我给你介绍一份工作吧？”肯定更觉得自己过得很惨了。

不过，如果你还想继续和他做朋友……那么我的建议是，你就去联系他嘛。

宇垣　你就直接跟他说：“对不起，上次不该对你说那么绝情的话。”

宇多丸 我觉得，只要你坦诚地表达了自己的想法，你们一定能重归于好的。

短篇随笔

小清

池泽春菜

她的名字叫作小清。是初中时我隔壁班的同学。她们班是樱花班，樱花班里有很多直率而有个性的人。作为朴素的楠木班的一员，我感到非常羡慕。

小清是个有些特别的孩子，和同样有些不合群的我，特别合得来。虽然我已经想不起来我们相识的契机，但很快我们就成了好朋友，每天都在一起。

有一天，我去她家里玩的时候，发现她家的书架上摆着很多同一个作家的书。

“小清，你喜欢这个作家的书吗？”

“不是，那是我爸爸写的书。”

“哦——原来叔叔是作家呀。我家也是！”

然后，因为小清的妈妈把比萨作为零食来招待我们，我兴奋得就顾不上继续聊这个话题了（那种外卖的比萨，一直都是我向往的食物）。

后来，我们也会时不时地聊起这个话题。

“你爸爸平时在家吗？”

“他不怎么回来。”

“我家也是。他在外面有工作室，只有吃饭的时候才回来。”

我当时上的那所私立学校，确实有很多比较特别的家庭，但作家的女儿也没几个。我们两个很像，都很喜欢看书，又很难融入其他同学的小群体之中，疏离感、优越感、孤独感和自傲感复杂地在内心交织，我们就像是灵魂上的双胞胎一样。

小清很会画画，也很会写作，有她自己的世界观。我往往都能和她共情，也有点崇拜她。只属于我们两个人的那种与外界隔离的关系，让我们都感觉很舒适。

也许，那更像是一场恋爱。

在高中，我遭到了同学的霸凌，感觉失去了容身之地，于是就去英国和泰国留学了。外面的世界对我来说轻松很多。就像是终于脱掉了挤脚的鞋子，不再害怕光着脚在路上奔跑了。

临近高中毕业，我从国外留学回来，开始了现在的工作。

不知不觉间，我和小清已经疏远了。小清应该也已经找到了她能够赖以生存的生活支点，但在曾经的那段日子里，我们确实都需要彼此，如果没有彼此，我们可能会选择早早地逃离这个世界。

小清的姓氏和名字不是什么罕见的组合，所以在社交网络上也搜不到她。而且也有可能她已经结了婚换了姓氏。

她现在在哪里，又在做什么呢？

无论她在哪里，在做什么，小清一定还是那个酷酷的小清。还像当年我所崇拜的那样，怀抱着孤独和骄傲，追寻着只有她能看得到的那个世界。所以，就算不能见面也没关系。

小清，我也会在这里，好好努力，好好前进。

墓碑

宇垣美里

我想，我和她成为好朋友，大概是必然。

虽然我们不在同一所学校，但都是同一时期搬到这个沿海城市的转学生。我们在书法教室相识，《雷蒙·斯尼奇的不幸历险》系列、快闪、《钢之炼金术师》、椎名林檎……我们俩的兴趣爱好一致得惊人，一拍即合就成了好友。我们都有一些，怎么说呢……像中二病一样，有些自大高傲，又有些洁癖，还有些自作聪明。我们都厌烦身边那些幼稚的同学，还有那悠然闲适但又逼仄无聊的生活，一上初中就开始觉得“不赶紧逃离这个地方我就完了”，于是疯狂学习，想要考出这个小地方。在复习备考的间隙，我们聊了很多。从推荐的辅导书、这所学校令人生厌的地方，到想报考的大学等。我想，那段时间因为有她的陪伴，我才得以顺利存活下来。

她是个有点特别的女孩子，就是宅男们喜欢的《水果篮子》里面的小花——花岛咲那样的女孩子。有时候，我跟她聊着聊着，她就会突然凝视着我的背后，然后露出诡异的笑容。当我们背地里被别人说“就算学习再好，也不能那样啊……”的时候，我们就会一起放狠话说“也不知道他们有没有什么反诅咒的措施，不会什么准备都不做就敢这么诅咒我们吧……”之类的。虽然我没问过她，但我估计她还会画魔法阵。

有一阵子我被一些无聊的流言蜚语搞得心力交瘁，她就给我支着说：“听说嚼着黄鳝藤的叶子睡觉挺管用的。”谢谢你啊，我估计能嚼着这玩意儿入睡的人，应该也不会在乎那些无聊的流言蜚语吧。我很喜欢她写的字。在书法教室里我看过很多遍她的字，不仅线条舒展优美，而且我们明明用的是同一款墨水，可她的字颜色鲜艳浓郁，感觉像是在表达她写字时的心情，看上去给人一种自由奔放的感觉。我总是忍不住好奇，在这个人的眼里，世界是什么样子的呢？

后来因为这样那样的原因，我们之间的孽缘持续了很长一段时间。这段关系开始变质，是在我进入社会工作，她考上研究生的那段时间里。她突然开始摆出一副“也不知道那些人是怎么想的，不假思索地就进入社会成为一颗螺丝钉，想想也挺佩服他们的（笑）”的姿态，在社交软件上公开和多个男人约会，显示自己是多么受欢迎。

我觉得她可能是因为看着身边的人都开始工作，而自己还在读书，从而产生了一些疏离感和焦虑吧。但我们也都是拼命在努力工作，所以她说的话和那种态度，让人很难接受。

事到如今，我已经想不起来最终导致我们疏远的决定性事件是什么了。

是因为她嘲笑了一个不爱化妆的朋友吗？是因为她暗示自己在脚踏两只船吗？是因为她把我的私生活写到了社交账号上吗？

我也不知道。

对于我来说，上大学之后，原本对于自己的外貌非常自卑的她通过化妆找回了自信这件事，让我挺为她高兴的。初中时期，那些无聊的男生用语言伤害过她。她尽力对这些杂音充耳不闻，但还是不免受一点点小伤。后来她在研究室里第一次遇到投缘的朋友，并且得到了他们的爱戴。这件事我也真的为她高兴。

她原本就是一个像小精灵一样，身材娇小，拥有清爽美貌的女孩子。但我更喜欢的是她那总是看向远方的美丽的眼神和高洁的灵魂。

大学时代，她对总是因为面容出挑而苦恼的我说：“如果人和人总是能通过灵魂相遇该多好。最美好的东西永远都在那个人的心里，而不是在外表上。”

学生时代，我被选为校花。但是后来遇到了一些事情，我开始后悔当初去参加竞选，还哭哭啼啼的。她笑着安慰我说：“我有一次得了盲肠炎，疼得快不行了，在去医院的出租车上看到你演的广告的时候，感觉一下子缓解了好多呢。你选上校花的好处，有这一点就足够了。”我大概一辈子都不会忘记，这永远都会是我内心的一个强大的支撑。

直到现在，她偶尔还是会联系我。在我回老家的时候，我们也会见面。但是，我在心里决定绝对不会对她说的事情太多了，至少有关我私人生活的详情，我是绝对不会告诉她了。她已经不再是我能够无话不说的好朋友了。

如果我没有从事现在这份工作，也许还能骂骂她当初为什么要那样，然后重归于好。但是我已经不会再从心底去信任她了，为了继续这份工作，我在交友方面就是如此地谨慎。

阻挡我前进道路的人，无论是谁都要果断抛弃。但是，她是除了我妹妹之外，跟我在一起的时间最久的人，既然我选择失去她，那我如果不在这条路上好好走下去，就真的不值得了。她现在在我的心里，已经如同墓碑上的一行字。有的时候我也会想起曾经和她的对话。为了不管多么艰辛也要在这条路上咬牙坚持下去，活下去，再见，我的挚友。我们应该不会再见面了，但你确实曾经是我最珍贵的宝贝。

好久不见

岛尾真帆

1997年，我以漫画《女高中生GORIKO》的出版为契机，开始了漫画家的工作。“GORIKO”是我高中的时候，上课时间在卷子的背面画的涂鸦。主人公的原型是高二时坐在我斜前方的同班同学岛田。PARAPARA舞、宽松袜、大头贴、BP机、美黑……岛田是我为数不多的朋友里，唯一一个能够把当时被称作“小辣妹”的女生的所有特点都满足了的人。一到课间休息的时间，我就找她去采访放学之后都干什么、人际关系怎么样之类的，然后在上课时间把这些都画成漫画。每天都用功完成，乐此不疲。

我的同桌小雪，虽然也穿着宽松袜，带着BP机，但她是一个喜欢看《MAKOTO酱》和《浦安铁筋家族》的有点奇怪的女高中生。

我暗自决定，每次画完了“GORIKO”之后，都要第一个拿给小雪看。

高中毕业后不久，《女高中生 GORIKO》得以出版。那是我19 岁的秋天。

因为出版社为我做了很多大规模宣传，我每周都会参加电视和广播节目。在有线电视节目上和Gadarukanaru · Taka老师一起做主持，和Neptune一起出席活动，和T.M. Revolution 对谈等。我一边作为一名美术学院的学生学习、生活，一边也开始了有些浮夸的娱乐圈生活。和明星一起工作的机会越来越多，也开始有了一些“朋友”。

我在一档广播节目上认识了一个做模特兼艺人的女孩子。在节目中我们很投缘，聊得很开心，工作结束后还交换了联系方式。在回家的路上一起去拍了大头贴，回去之后也互相发了几次短信，但再也没有见过面。

我在一个节目的演员休息室里认识了一位女演员。前一年她以女二号身份出演的电影大火了一把。她说她很喜欢我，还邀请我一定要到她老家的御好烧店去吃饭。面对大名鼎鼎的她，我感觉自己有些怯懦了。我给她留了电话号码，但是没有等来她的信息。

一名以女性化人设大受欢迎的男艺人，说我是个“很有趣的孩子”，表示很喜欢我，我们很快就成了朋友。我们经常打很长时间的电话聊天，也会去咖啡厅互相倾诉恋爱的烦恼。但即便如此，我们的关系还是慢慢地自然消亡了。

他们，现在过得怎么样呢？我对自己能够和名人交朋友这件事情有些膨胀了，当时还经常跟同学显摆“谁谁谁是我朋友”。现在想想真是丢人。敏感的他们也许察觉到了我是为了显示自己的身份才和他们成为朋友的。结果，我和其中任何一个人的关系都没能够维持一年以上。

我和GORIKO的原型岛田已经很多年没有见面了，但好像也总是知道彼此的近况，并没有成为“前任朋友”那么疏远的存在。如果见面，还是朋友。

我和小雪都已经40岁了，到现在还会每个月见一次面，一起去看看电影，泡泡温泉。在“RHYMESTER宇多丸的Weekend Shuffle”上也有请她做过电话连线。

还有，坐在小雪后面的PIROSE和我的关系也不错。如果她听到这个节目发现没有提到自己的名字估计会伤心，所以为了避免让她伤心，我声明：我和PIROSE也是好朋友。

那个时候，在我年少轻狂的那段时间成了我的“朋友”的人们，有些现在仍活跃在电视上，其余大部分也都可以在网络上搜索到相关消息。我在这里悄悄地对他们说一声“好久不见”。

如果他们某天在哪里看到我，会注意到那是我吗？就算不直接打招呼，也会在心中对我说一句“好久不见”吗？我，没有这个信心。

从朋友到搭档

矢部太郎

我今年41岁，一边做着搞笑艺人的工作，一边画些漫画。人生就好像是一部连载漫画。被截稿日期追赶着，每一天都埋头画画，猛然回头，画了这么多漫画之后，故事的设定和人物特点甚至是风格，可能都已经发生了很大的变化，走到了一个自己最初完全没有想到的境地。话虽这么说……但无论是人生还是漫画的连载我都只经历过一次，也还是在摸着石头过河……

我认为在遇到I之前，我的人生就是一部什么时候中止发行都不奇怪的、普普通通没什么亮点的连载漫画。

我和I是高一的时候认识的。“Yabu，我觉得你一定特别擅长抢票。”（这个时候I还把我的名字误读成Yabu[1]）第一次见面就被I扣上了这个帽子的我，一大早就爬起来去排队抢日本职业足球联赛的票。这还是我第一次排队抢票。当年正值日本职业足球联赛元年，足球热风靡整个日本。读卖Verdy对战清水Spulse。因为三浦知良、鲁伊·拉莫斯（Ruy Ramos）等明星球员的精彩表现，比赛十分精彩，场内一片沸腾。比赛结束之后，由于太过兴奋，还发生了我们其中一人突然把暗恋的女生叫出来表白，然后当场被甩的事件。那一天让我终生难忘。那也是我第一次和朋友出远门旅行。

自那以后，我和I就经常在一起。I是那种在学校里存在感比较强的人，和他在一起，对于我来说，每天都有很多新鲜事。放学之后聚众聊天、逃课。因为I在校外也是比较显眼的存在，所以还有过被附近街道的小混混叫出来胖揍一顿的经历。“Yabu，你赶紧表白呀。”我第一次交到女朋友，也是在I组织的集体约会上。是的，我也交到了女朋友。虽然一周人家就把我甩了，导致后来I一直嘲笑我是被“试用期解约”的……

突然有一天，I对我说：“Yabu，咱们在文化节上演小品吧。”

1 “矢部”的日语发音应为Yabe。

据说他是先去找的别人，但都被拒绝了，所以才来找的我……我和他一起排练 BACARDI 组合（现在的 SUMMERS）那个抢银行的短剧。我扮演三村胜和老师的角色，反响还不错（毕竟是专业艺人写出来的段子，反响肯定不错）。我的世界开始有了光。毕业之后，我们开始接到一些现场演出的活儿。从一个月一次到两次、三次，我和 I 每天都凑在一起构思新的段子。但是渐渐地，我们几乎只会聊和段子有关的事情了。最初我是三村老师那个捧哏的角色，但 I 说我应该充分发挥自己的特点，于是他成了捧哏。

虽然我们是一个组合，但是我单独出去工作的次数越来越多了。原本就不擅长在人前表现的我，很多事情都没有办法一个人完成。在我工作碰壁遇到困难的时候，还被 I 揪到家庭餐厅，写了一份“我不会偷懒”的保证书。I 已经不再是我的朋友，而是我的搭档了。I 成了我的“前任朋友”。

我在“前任朋友”节目中讲过自己的这段故事。在那期节目的最后，宇多丸老师介绍了一段以前对 I 的采访。I 在采访中说：“我前进的最大动力就是对矢部的嫉妒。”

时隔很久，我和 I 一起搭档举办了一次单独演出。那天演出的内容回顾了我们两个从初识到今天的种种，我们为了致敬

“前任朋友”节目，把演出的题目定为“曾经的朋友”。

我想，我和I大概不会回到以前的那种关系了。即便如此，在这场单独演出的最后，我们还是把当年在文化节上模仿BACARDI组合的抢银行的段子，两人一起，再一次演了一遍。

本书内容由广播节目投稿内容编辑而成。

短篇随笔为专门供稿。

图书在版编目（CIP）数据

致渐行渐远的朋友／日本TBS广播电台"RHYMESTER宇多丸的Weekend Shuffle" & "After 6 Junction"编；袁舒译．— 北京：新星出版社，2022.4（2022.7重印）
ISBN 978-7-5133-4710-5

Ⅰ.①致… Ⅱ.①T… ②袁… Ⅲ.①人际关系－通俗读物 Ⅳ.①C912.11-49

中国版本图书馆CIP数据核字（2021）第251132号

致渐行渐远的朋友

日本TBS广播电台"RHYMESTER宇多丸的Weekend Shuffle" &
"After 6 Junction" 编　袁舒 译

策划编辑：东　洋　　**责任编辑**：李夷白
责任校对：刘　义　　**责任印制**：李珊珊
装帧设计：x 1000 Shanghai　　**插　　图**：小幡彩贵

出版发行：新星出版社
出 版 人：马汝军
社　　址：北京市西城区车公庄大街丙3号楼　100044
网　　址：www.newstarpress.com
电　　话：010-88310888
传　　真：010-65270449
法律顾问：北京市岳成律师事务所

读者服务：010-88310811　service@newstarpress.com
邮购地址：北京市西城区车公庄大街丙3号楼　100044

印　　刷：北京美图印务有限公司
开　　本：787mm×1092mm　1/32
印　　张：8.125
字　　数：128千字
版　　次：2022年4月第一版　2022年7月第二次印刷
书　　号：ISBN 978-7-5133-4710-5
定　　价：68.00元